Inhalt

Benutzerhinweise

für den »Leitfaden für pädagogisches Handeln«

Das vorliegende Buch versteht sich als Leitfaden für die Konzeptionsentwicklung in Kindertageseinrichtungen. Es wendet sich an Leiterinnen, Fachberaterinnen und Fachkräfte, die als Moderatorinnen den Prozess einer Konzeptionsentwicklung durchführen möchten, sowie an Teams, die sich auf den Weg machen möchten, eine neue Konzeption zu schreiben oder die alte zu überarbeiten. Hierfür vermittelt der Leitfaden das notwendige Orientierungswissen und gleichzeitig ein methodisch-didaktisch durchstrukturiertes Modell für die praktische Umsetzung, wobei die inhaltliche Ausgestaltung der Verantwortung den Einrichtungsteams obliegt. Der Leitfaden präsentiert keine fertige pädagogische Konzeption, sondern gibt Teams vielmehr eine Anleitung, eine eigene Konzeption mit den zur Verfügung stehenden Ressourcen zu entwickeln, und zwar methodisch, systematisch und zielgerichtet.

Das Thema „Konzeptionsentwicklung in Kindergarten und KiTa" wird in drei Modulen präsentiert:

1 Modul	Grundlagen und Vorüberlegungen
2 Modul	Modell der Konzeptionsentwicklung
3 Modul	Methodischer Leitfaden

Bevor Teams mit der Erarbeitung einer Konzeption beginnen, sollten sie sich mit dem Verfahren der Konzeptionsentwicklung vertraut machen und sich über die Planung und den Einsatz von Ressourcen verständigen. Die folgenden Aspekte geben einen kurzen Überblick.

Der Entwicklungsprozess

In Modul 3 – dem methodischen Leitfaden – wird der Prozess der Entwicklung beschrieben, indem methodisch ausgeführt wird, wie die Konzeption Schritt für Schritt durch die Bearbeitung einzelner Bausteine entsteht. Dabei werden zunächst pädagogische Bereiche (wie beispielsweise Bewegung, Mahlzeiten, sprachliche Entwicklung, Rollenspiel) bearbeitet und anschließend die Basiskompetenzen (wie beispielsweise Beobachtung, Dokumentation, Planung). Der Entwicklungsprozess gliedert sich in drei Phasen: Orientierungsphase, Entwicklungsphase und Reflexionsphase. Diese Phasen werden im Leitfaden genau beschrieben.

Vorbereitung

Bevor ein Team in den Entwicklungsprozess zur Konzeptionsentwicklung eintritt, sollten folgende Vorbereitungen getroffen werden.

Vorstellung des Projektes im Team

Zunächst muss das Projekt vorgestellt werden. Eine Entscheidung für oder gegen eine Konzeptionsentwicklung kann nur dann getroffen werden, wenn alle Fachkräfte das Projekt und die anfallenden Aufgaben kennen.

Klärung der Ressourcenfragen

Nach der Entscheidung, das Projekt durchzuführen, müssen die Ressourcenfragen geklärt werden. Diese sind mit einem Vertreter des Trägers und natürlich innerhalb des Teams zu erörtern.

Moderation

Es muss geklärt werden, wer die Aufgabe der Moderation übernimmt. Die anderen Aufgaben werden während des Prozesses festgelegt.

Verhaltens- und Prozessregeln

Das Team verabredet Verhaltens- und Prozessregeln, nach denen gearbeitet wird. Im Leitfaden selbst ist darauf verzichtet worden, solche zu definieren, da jedes Team eigene Entscheidungen auf der Basis seiner Interaktions- und Arbeitskultur festlegen muss.

Prozessgestaltung

Die ersten Aufgaben der Moderatorin sind die Vorstellung des Verfahrens und die Vermittlung der theoretischen Grundlagen (erster Schritt). Für die Vorstellung sollten Träger- und Elternvertreter eingeladen werden.

Erst danach beginnt der eigentliche Entwicklungsprozess (zweiter Schritt).

Von der Moderatorin können Teilaufgaben an die anderen Teammitglieder delegiert werden. Sie sollte dabei immer auf Freiwilligkeit achten und einzelne Kolleginnen nicht in eine unangenehme Situation bringen.

Die Kolleginnen eines Teams werden sich unterschiedlich intensiv am Erarbeitungsprozess beteiligen. Einige werden eher zurückhaltend sein, andere wiederum die Aufgaben förmlich „an sich reißen“ wollen. Die Moderatorin sollte eine möglichst ausgewogene Beteiligung anstreben.

Die Arbeitsschritte sind methodisch sehr knapp gehalten. So wurde auf Warming-ups und Abschlussrunden weitgehend verzichtet. Natürlich können Teams die inhaltlichen Prozesse um solche Einheiten erweitern.

Dokumentation

Für jede Teamsitzung wird ein Ergebnisprotokoll angefertigt.

Es gibt einen allen zugänglichen Projektordner, in dem alle Protokolle und (Zwischen-)Ergebnisse gesammelt werden.

Es empfiehlt sich, dass jede Fachkraft eine persönliche Dokumentation anlegt. Dort können beispielsweise auch die persönlichen Checklisten und Zielvereinbarungen aufgehoben werden.

Die Moderatorin erstellt ebenfalls kurze Protokolle über ihre Vorbereitungsaufgaben und sollte zu allen entstandenen Produkten einen kurzen Kommentar verfassen. Diese Aufzeichnungen sind nicht öffentlich. Sie können allerdings als Unterstützung für Gespräche mit Kolleginnen oder auch in Reflexionsrunden genutzt werden.

Die Beteiligten dokumentieren die Dauer und das Thema der Beschäftigung in diesem Projekt.

Abschluss

Reflexionen gehören zum Prozess. Teams sollten sich die Zeit nehmen, auch über die vorgeschlagenen Reflexionen hinaus, zu reflektieren. Das kann im Team geschehen, aber auch in kollegialen Gesprächen.

Am Ende des Prozesses werden die Arbeitsergebnisse den Eltern und dem Träger vorgestellt.

Einleitung

In den letzten Jahren sind die Anforderungen an die pädagogischen Fachkräfte stets gestiegen. Immer mehr Aufgaben müssen mit immer weniger Ressourcen bewältigt werden. Aber nicht nur, dass die Aufgaben mehr werden, sie haben sich mit Beginn der Pisa-Debatte qualitativ verändert. Seit einigen Jahren wird nicht nur individuelle Förderung und Bildung in der Tageseinrichtung „groß geschrieben", sondern Fachkräfte müssen sich intensiv mit Themen wie beispielsweise „Sprachförderung" oder „Erziehungspartnerschaften" auseinandersetzen. Sie müssen sich in neue Themen einarbeiten und diese selbstverständlich in ihren Alltag übernehmen.

In Zeiten solcher massiver inhaltlicher Herausforderungen gerät der einrichtungsinterne konzeptuelle Konsens schon einmal ins Wanken. Zum großen Teil liegt das daran, dass in den Teambesprechungen wenig Zeit für inhaltliche Fragen bleibt, oftmals wird die kostbare Teamzeit dazu benötigt, formale Aspekte zu klären. Die einst gemeinsam erarbeitete pädagogische Konzeption verliert im Laufe der Zeit in der praktischen Arbeit immer mehr an Kontur und Diskussionen darüber sind kaum oder gar nicht mehr möglich.

Daraus ergibt sich für Leiterinnen und pädagogische Fachkräfte die Konsequenz: Wir müssen unsere Konzeption überarbeiten oder am besten gleich eine neue schreiben. Und das völlig zu recht, denn eine pädagogische Konzeption ist die Visitenkarte der Einrichtung. In ihr werden die Grundpfeiler der pädagogischen Arbeit beschrieben und sowohl den Kolleginnen als auch den Eltern die pädagogische Arbeit in einer transparenten Art und Weise zugänglich gemacht. Sie dient zum einem als Orientierung und zum anderem gibt sie allen Beteiligten Sicherheit im Erziehungs- und Bildungsprozess.

Dieser Leitfaden hat die praktische Konzeptionserarbeitung zum Thema. Mithilfe drei aufeinander abgestimmter Module wird den Einrichtungen gezeigt, wie sie in einem methodisch klar strukturierten Prozess sicher ihre eigene Konzeption entwickeln können – ihre Visitenkarte. Zunächst wird in Modul 1 ein kurzer Überblick über die Grundbegriffe einer pädagogischen Konzeption gegeben. Im Modul 2 werden die pädagogischen Themen und Bereiche vorgestellt, die eine pädagogische Konzeption unbedingt enthalten sollte. Schließlich wird in Modul 3 ein methodischer Zugang zur Entwicklung der Konzeption Schritt für Schritt mit praktischen Hinweisen und Arbeitsmaterialien vorgestellt.

Teams können mit diesem Leitfaden in einem angemessenen Zeitumfang einen Teil ihrer Besprechungs- und Planungszeitzeit für die Überarbeitung oder Neuentwicklung ihrer Konzeption effektiv nutzen.

Das in diesem Leitfaden beschriebene Vorgehen wurde gemeinsam mit den vier städtischen Tageseinrichtungen Budenzauber, Funkenburg, Momo und Wunderkiste der Stadt Werdohl erprobt. In einem fast 24 Monate langen Prozess entwickelten die vier Einrichtungen – orientiert an dem in diesem Leitfaden beschriebenen Verfahren – neue Konzeptionen. Unterstützt wurden sie dabei von einer Steuerungsgruppe, die sich aus Trägervertretern, dem Autor und jeweils zwei Mitarbeiterinnen pro Einrichtung zusammensetzte und in der methodische und fachliche Fragen diskutiert wurden. Dieser Prozess, der nun kurz vor dem Abschluss steht, hat viele spannende Ergebnisse hervorgebracht. Einige dieser Ergebnisse finden Sie als Praxisbeispiele im Modul 2 dieses Leitfadens. Sie sollen Ihnen einen kleinen Einblick in die Entwicklung einer Konzeption geben.

1 Pädagogische Konzeption und pädagogische Standards – eine Begriffsbestimmung

Ein Blick in die Fachliteratur zum Thema „Konzeptionsentwicklung“ offenbart ein sehr variantenreiches Bild: von verschiedenen Definitionen des Begriffes bis hin zu unterschiedlichen Bedeutungen der Begriffe „Konzept“ und „Konzeption“. Es ist nicht einfach, sich durch diesen Begriffsdschungel zu lesen und genau zu umreißen, was mit einem Konzept bzw. einer Konzeption gemeint ist. Ebenso unterschiedlich sind die Meinungen, wenn es um die Frage geht, welche Inhalte in ein Konzept oder in eine Konzeption gehören.

Im Folgenden wird geklärt, wie diese Begriffe im Leitfaden verwendet werden und vor allem wird auf den Begriff der „pädagogischen Konzeption“ samt der damit verbunden Funktionalitäten und Zielperspektiven eingegangen.

1.1 Was ist der Unterschied zwischen einem Konzept und einer Konzeption?

In der Literatur wird zwischen den Begriffen Konzept und Konzeption unterscheiden. So versteht man unter einem Konzept eine erste Fassung bzw. einen ersten Entwurf einer Idee, also etwas „Vorläufiges [...], ein Skript, in dem Gedanken für eine Konzeption vielleicht grob festgehalten werden“ (Dupuis, 2001, S. 1). Bei einer Konzeption hingegen handelt es sich um die schriftliche Fixierung aller relevanten Aspekte einer Einrichtung für alle Beteiligten. Dazu sind die Fachkräfte, die Trägervertreter, die Kinder und die Familien zu zählen (vgl. Krenz, 1996, S. 13 ff.). Eine Konzeption ist anspruchsvoller als ein Konzept, da es dabei „um eine reflektierte, fundierte Darstellung der pädagogischen Arbeit“ geht (Dupuis, 2001, S. 1), die sich unter anderem dadurch auszeichnet, dass sie an der Realität der Einrichtung orientiert ist und durch das theoretische und praktische Fachwissen der pädagogischen Fachkräfte der Einrichtung generiert wird. An ihr lässt sich erkennen, wie die pädagogischen Prozesse, Aktivitäten und das pädagogische Handeln in der Einrichtung gestaltet sind und welche Ziele verfolgt werden. Eine Konzeption ist demnach verbindlicher und fachlich mehr gesichert als ein Konzept. Sie wird somit zu einer Visitenkarte der Einrichtung für die Innen- und Außendarstellung.

In diesem Leitfaden wird der Begriff „pädagogische Konzeption“ verwendet. Obwohl es sich sowohl bei ihrer Entwicklung als auch bei der späteren Verwendung immer um etwas Prozesshaftes handelt, muss festgehalten werden, dass eine pädagogische Konzeption nichts Vorläufiges ist und weit über einen Entwurf hinaus geht. Denn die Konzeption ist absichtsvoll, zielorientiert und fachlich begründet. Das Ziel dieses Leitfadens ist die Erarbeitung einer pädagogischen Konzeption, in die die Ideen, das Wissen und die Erfahrung des Teams eingeflossen sind und in der die pädagogische Arbeit nachvollziehbar beschrieben wird.

1.2 Welche Themen gehören in eine Konzeption?

Eine Konzeption besteht aus unterschiedlichen Themenbereichen. Dazu gehört zunächst einmal die pädagogische Arbeit mit den Kindern. Aber auch Themen wie Team- und Organisationsentwicklung, Raumgestaltung, Kooperation mit Familien und externen Partnern sowie die Anbindung des Trägers an die Einrichtung sind wichtige Bestandteile. Dabei handelt es sich um keine theoretischen Abhandlungen, in denen Wissen dargestellt wird, sondern um Dokumente, die auf anschauliche und kluge Weise theoretisches und praktisches Wissen mit dem praktischen pädagogischen Handeln zusammenbringen.

Einrichtungen können zu den folgenden Themenbereichen schriftliche Ausführungen in ihrer Konzeption vorliegen haben (vgl. Becker-Textor 1995):

- **Organisation:** Unter diesem Punkt werden die zentralen Abläufe und der Aufbau einer Organisation beschrieben, die Verantwortlichkeiten der Mitarbeiter ebenso wie die Rolle und Stellung der Einrichtung im sozialen und institutionellen Umfeld. Nicht zuletzt werden im Organisationskonzept die Ziele und Perspektiven der Organisation festgehalten.
- **Personalentwicklung:** Hier werden die Umsetzung der Personalpolitik, der Einrichtung und des Trägers beschrieben. Auf der Grundlage gesetzlicher Regelungen obliegt es dem Träger, in verantwortlichem Maße festzulegen, welches Personal eingestellt und mit welchen Aufgaben es betraut wird. Die Ausführungen stehen immer in Bezug zur pädagogischen Konzeption der Einrichtung. So sollte beispielsweise geklärt sein, welche Erwartungen an neue Mitarbeiterinnen gestellt werden bzw. über welche Qualifikation diese verfügen müssen.
- **Pädagogisch-inhaltliche Aspekte:** Die Perspektive auf die pädagogisch-inhaltlichen Aspekte ist zentral, denn in ihr wird das Kerngeschäft einer Tageseinrichtung zum Ausdruck gebracht: die Betreuung und Bildung von Kindern. Dabei geht es primär um die Auseinandersetzung und Reflexion der pädagogischen Praxis, den pädagogischen Zielen und den Vorstellungen und Werten jeder einzelnen Fachkraft sowie der Konsensfindung auf Einrichtungsebene. Aber auch die Verknüpfung des pädagogischen Handelns mit Theorien und unterschiedlichen pädagogischen Ansätzen wird hier thematisiert. Es geht um eine Positionierung der Einrichtung, die nach innen und außen sichtbar wird und werden soll.
- **Methodik und Didaktik:** Diese zwei Aspekte sind sehr bedeutsam. Bei der Methodik geht es darum, welche Methoden und Techniken bei der Vermittlung von Kompetenzen und Wissen angewandt und eingesetzt werden. Häufig angewandte Methoden in der Kleinkindpädagogik sind beispielsweise Geschichten erzählen, Sing- und Spielkreise, gemeinsames Spielen etc. In der Didaktik hingegen geht es um das Wissen des Lehrens, die Begründung der Inhalte und auch um Förderabsichten. Sie werden in der Regel theoretisch begründet und bestimmen meistens auch die gewählten Methoden mit.
- **Kooperation mit Familien:** Die Kooperation mit den Familien ist im Rahmen des Erziehungs- und Bildungsauftrages der Tageseinrichtungen ein wichtiger Bestandteil der Arbeit. Transparenz unter den Beteiligten ermöglicht Einrichtungen und Eltern, den Kindern größere Chancen auf eine optimale Nutzung von Lern- und Spielangeboten zu gewähren.
- **Öffentlichkeitsarbeit und Kooperation mit weiteren externen Partnern:** Mit Blick auf die Diskussion über die Gemeinwesenorientierung von Tageseinrichtungen ist es eigentlich zwingend nötig, dass Einrichtungen sich Gedanken über die Öffnung zum Gemeinwesen und die Kooperationen mit Institutionen und privaten Personen machen.
- **Kooperation mit dem Träger:** Jeder Träger, egal ob es ein öffentlicher oder ein freier Träger ist, hat Leitideen, zumindest aber Vorstellun-

gen über die Arbeit seiner Einrichtungen. Oftmals sind diese Vorstellungen nicht dokumentiert, sondern werden lediglich vorausgesetzt, und immer wieder bleiben diese Leitideen allgemein und werden nicht auf konkrete Handlungen übertragen. Die Verknüpfung von Leitideen des Trägers und der Konzeption einer Tageseinrichtung wäre ein wichtige Aufgabe, der sich sowohl die Träger als auch die Einrichtungen verstärkt stellen sollten.

Es wird deutlich, dass in der Einrichtungskonzeption viele Themen und Themenbereiche eine besondere Betrachtung verdienen. Dennoch wurde im Rahmen dieses Leitfadens der Schwerpunkt auf die Entwicklung einer pädagogischen Konzeption gesetzt. Dieser begründet sich in erster Linie darin, dass die pädagogischen Inhalte, Prozesse und Aktivitäten eine besondere Stellung im Erziehungs- und Bildungsprozess einnehmen. Sie bilden sozusagen das Kernstück der Tageseinrichtung. Die Entwicklung der anderen Themen sollte im Anschluss an die Erarbeitung der pädagogischen Fragestellungen geschehen.

1.3 Die Bedeutung der pädagogischen Konzeption für Erziehungs- und Bildungsprozesse

2004 beschlossen die Jugendministerkonferenz und die Kultusministerkonferenz den „gemeinsamen Rahmen der Länder für die frühe Bildung in Kindertageseinrichtungen" (KMK, 2004). Dort wird ein eindeutiges Plädoyer für die Bedeutung der frühen institutionellen Bildung abgegeben. Tageseinrichtungen als Institutionen der frühen Kindheit kommen in diesem Prozess eine große Bedeutung und eine enorme Verantwortung zu. Gute Chancen auf eine optimale und individuelle Förderung haben Kinder eben dann, wenn den pädagogischen Fachkräften ihre pädagogischen Leitideen, Inhalte, Methoden und Ziele bewusst sind und wenn sie konzeptionell arbeiten. Das heißt, dass sie systematische Vorstellungen vom Bildungs- und Erziehungsprozess in ihrer Einrichtung entwickelt haben und diese in ihrer praktischen Arbeit umsetzen.

Im Mittelpunkt dieser Auseinandersetzung stehen das pädagogische Handeln, die pädagogischen Prozesse sowie die pädagogischen Aktivitäten und die damit verbundenen Erziehungs- und Bildungsziele. Damit wäre das Hauptziel einer pädagogischen Konzeption bereits benannt, aber darüber hinaus stellen sich dennoch die Fragen:

- Wem nützt die Konzeption und wobei ist sie hilfreich?
- Wozu ist es nötig eine pädagogische Konzeption zu erstellen? (vgl. Weber et al., 2008)

Zunächst einmal richtet sich die Konzeption an die pädagogischen Fachkräfte der Einrichtung, denn in der pädagogischen Konzeption

- wird ein hoher qualitativer Anspruch umgesetzt und diese Qualität auch sichergestellt
- werden die Betreuungs- und Bildungsprozesse fachwissenschaftlich abgesichert betrachtet
- wird für alle Fachkräfte transparent dargestellt, wie die pädagogische Ausrichtung der Einrichtung aussieht
- wird deutlich, welche Ziele das Team verfolgt
- lässt sich erkennen, welche Regelungen und Aufgaben sich aus dem pädagogischen Anspruch ergeben
- wird deutlich, wie mit den Kindern gearbeitet wird
- wird deutlich, nach welchem Ansatz gearbeitet wird
- wird das Profil der Einrichtung deutlich
- ist erkennbar, was der gemeinsam erarbeitete Konsens ist
- wird die eigene Arbeit ins Verhältnis zum fachwissenschaftlichen Diskurs gesetzt
- stellt sich die Bedeutung ihrer Arbeit heraus.

Der Blickwinkel der Konzeption richtet sich natürlich immer auf das Kind. Sie bietet somit auch für die Kinder eine Menge Vorteile. Beispielsweise

- gewinnen Kinder durch verlässlich Abläufe und Personen Sicherheit und Orientierung
- ist die Auseinandersetzung mit der pädagogischen Arbeit auch immer die Auseinandersetzung mit den Bedürfnissen und Bedarfen der Kinder
- setzen Fachkräfte sich mit den Lebensrealitäten der Kinder auseinander, wenn sie über die Inhalte und Ziele ihrer Arbeit nachdenken
- ergibt sich aus der Auseinandersetzung ein Angebot, das im Rahmen einer kindorientierten Pädagogik individuell abgestimmte Aktivitäten und somit auch individuelle Förderung ermöglicht
- ist die Vielfalt von Angeboten und Aktivitäten größer, wenn Fachkräfte reflektieren und planen.

Aber auch für die Eltern ist es hilfreich, wenn es eine pädagogische Konzeption gibt. Denn sie ermöglicht ihnen:

- Sicherheit bei der Wahl der richtigen Einrichtung für ihr Kind
- das Gefühl von Transparenz an den pädagogischen Prozessen der Einrichtung
- Mitgestaltung und Mitspracherecht, denn durch die Konzeption können sie sich verlässlich auf Inhalte und Prozesse beziehen
- Prozesse in der Familie und im Kindergarten transparent zu machen und sie gemeinsam mit Fachkräften zu thematisieren
- Erwartungen an das Team zu formulieren.

Nicht zuletzt profitiert auch der Träger von einer pädagogischen Konzeption, denn:

- sie verleiht ihm und den Einrichtungen ein erkennbares Profil
- sie ermöglicht ihm, seine Einrichtung in der Öffentlichkeit zu präsentieren und zu vertreten
- sie macht ihn erkennbar für andere
- sie gibt ihm Sicherheit und Wissen über die pädagogischen Prozesse, Aktivitäten und das pädagogischen Handeln in seinen Einrichtungen
- die hohe Qualität in der Arbeit steigert auch die Zufriedenheit der Mitarbeiterinnen
- sie steigert die Zufriedenheit der Eltern und sichert somit die Auslastung der vorgehaltenen Plätze
- nicht zuletzt steigert sich sein Ansehen in der Öffentlichkeit.

1.4 Welche Aspekte müssen in einer pädagogischen Konzeption berücksichtigt werden?

Die Struktur der pädagogischen Konzeption muss feststehen, bevor die Konzeptionsentwicklung beginnen kann. Sie muss vom Team, nach Möglichkeit zusammen mit dem Träger erarbeitet werden. Diese Struktur kann je nach Einrichtung sehr unterschiedlich sein. Und dennoch gibt es einige Gliederungspunkte, die in jeder Konzeption vorhanden sein müssen.

Vorwort

Das Vorwort hat die Funktion, die Leserin/den Leser auf die Konzeption einzustimmen. Es zeigt den Rahmen auf, in dem die Konzeption entstanden ist und welche Bedeutung sie für die Arbeit hat. Des Weiteren werden dort die Adressaten benannt und Unterstützer/innen kann an dieser Stelle gedankt werden.

Beschreibung der Einrichtung

Hier werden die wichtigsten Einrichtungsdaten aufgeführt. Diese Informationen sind insbesondere für neue Kolleginnen interessant. Dazu gehören:

- Geschichte der Einrichtung
- Trägerskizzierung
- Größe der Einrichtung
- Bauliche Ausstattung
- Qualifikation des Personals
- Einzugsbereich und Sozialstruktur des Umfeldes (z. B. Erwerbsstruktur, Anteil der Familien mit einer anderen Herkunftskultur als der deutschen)
- Gestaltung des Umfeldes (Spielplätze, Grünflächen, Industrie, Freizeiteinrichtungen, Schulen etc.)
- Öffnungszeiten
- Beschreibung der Familien und Kinder, die die Einrichtung besuchen
- weitere wichtige Regelungen der Einrichtung.

Beschreibung der pädagogischen Arbeit

Dieses Kapitel bildet das Kernstück der pädagogischen Konzeption. In ihm werden die Inhalte, Methoden, Didaktik, die pädagogischen Prozesse und Handlungen sowie die intendierten Ziele dargestellt. Dieser Aspekt wird im Kapitel 2 ausführlich beschrieben.

Kooperation mit Familien

Die Zusammenarbeit mit Familien ist ein klassischer Bestandteil der Arbeit von Kindertageseinrichtungen. Eltern werden in unterschiedlichen Formen in die Arbeit einbezogen und partizipieren so am Alltag der Kinder. Dies reicht von Tür- und Angelgesprächen, gemeinsamen Nachtmittagsveranstaltungen, Festen und Feiern über Elternabende und Entwicklungsgespräche. Auch die Informationsflüsse und -formen sind sehr unterschiedlich. Sie reichen von Mitteilungen am schwarzen Brett, Informationsbriefen bis hin zu gemeinsamen Gesprächen. Klassische Instrumente der Mitbestimmung in Tageseinrichtungen für Kinder sind der Eltern- und Kita-Rat, der die Interessen der Familien vertritt.

Teamprozesse

In die pädagogische Konzeption gehört ein kurzes Kapitel, in dem die Arbeitsweisen, Aufgaben und Verantwortlichkeiten der Mitarbeiter sowie der Leitung beschrieben sind. Je nach Einrichtungskultur kann dieses Kapitel ausführlicher ausfallen.

1.5 Was sind pädagogische Standards?

In der Diskussion um gute Qualität in Erziehungs- und Bildungsprozessen in Kleinkindbereich tauchen seit einigen Jahren immer wieder die Begriffe „Standard“ oder „pädagogischer Standard“ auf. Es gibt zwar keine eindeutige Definition, was genau darunter verstanden werden soll, aber dennoch wird er immer wieder in verschiedenen Kontexten benutzt. Das folgende Beispiel soll deutlich machen, wie der Begriff des Standards in diesem Leitfaden verstanden wird.

Die Aussage: „Also, bei uns ist es ein absoluter Standard, dass neue Kinder nach einem Konzept eingewöhnt werden“ bedeutet, dass es in der Einrichtung ein gesichertes Verfahren für die Eingewöhnung gibt. Über die Methoden, Inhalte und die damit verbundenen Ziele wird nichts gesagt. Ein solcher Standard ist ein *struktureller Standard*, der das Vorhandensein eines Verfahrens beschreibt, aber nicht die inhaltliche Dimension.

Ein Standard, in dem die Inhalte, Methoden und Ziele beschrieben werden, ist ein *pädagogischer Standard*. Denn das Verfahren selbst wird dargestellt und für den Leser werden die Inhalte, die Methodik und die Ziele, also die Angemessenheit des Verfahrens, klar erkennbar. Dann könnte die Aussage so lauten: „Also, in unserer Einrichtung werden die Kinder nach dem Konzept xy eingewöhnt. Dabei ist dem Team besonders wichtig, dass die Kinder, insbesondere auch die jüngeren, eine kontinuierliche Betreuung durch eine zuverlässige Fachkraft an ihrer Seite haben. Jeder Eingewöhnungsprozess wird mit den jeweiligen Eltern individuell geplant.“

Ein pädagogischer Standard grenzt sich von einem strukturellen Standard dahingehend ab, dass er nicht nur auf eine organisatorische Einheit (im Beispiel: vorhandenes Eingewöhnungskonzept) verweist, sondern auf pädagogische Ziele implizit oder explizit eingeht und Prozesse und Handlungen benennt.

1.6 An wen richten sich pädagogische Konzeption und pädagogische Standards?

Die pädagogische Konzeption ist hauptsächlich für den internen Gebrauch bestimmt und soll in erster Linie den in der Einrichtung arbeitenden Fachkräften Orientierung geben. Sie dient darüber hinaus auch der Kooperation mit dem Träger und kann den interessierten Eltern auf Wunsch zur Verfügung gestellt werden. Da sie in der Regel in einer pädagogischen Fachsprache geschrieben ist, wird sie für viele Eltern nicht leicht verstehbar sein. Außerdem wird der eher größere Umfang die meisten von einer Lektüre abhalten, d.h. auch, dass die Informationen, die sie aus der Konzeption erhalten sollen, nicht in jedem Fall bei ihnen ankommen.

Mit der Formulierung von pädagogischen Standards gibt es allerdings die Möglichkeit, die zentralen Aspekte der pädagogischen Arbeit, die sich ausführlich in der pädagogischen Konzeption wiederfinden, kurz und knapp in einer den Eltern verständlichen Sprache zu formulieren. Der Umfang einer Sammlung der wichtigsten Standards, gerahmt durch zentrale Einrichtungsinformationen, kann in einer Informationsschrift für Eltern und die interessierte Öffentlichkeit gefasst werden. Somit können sich Eltern in einer adäquaten Form einen ersten Eindruck über die Pädagogik der Einrichtung verschaffen. Natürlich ersetzt diese Information nicht das ausführliche Elterngespräch (vgl. Groot-Wilken/Warda, 2007).

2. Bausteine einer pädagogischen Konzeption

In diesem Kapitel geht es um die pädagogisch-inhaltlichen Aspekte der Konzeption, da diese für den Entwicklungsprozess im Team enorme Bedeutung haben. Für diesen Bereich ist im Entwicklungsmodell der größte Zeitumfang vorgesehen. Das damit verbundene Ziel ist eine intensive Auseinandersetzung mit den Inhalten, pädagogischen Prozessen und Handlungen in der Einrichtung. Über die Reflektion und Ausarbeitung soll eine klare pädagogische Positionierung erreicht werden.

Die in diesem Kapitel ausgewählten Bausteine und pädagogischen Bereiche, die in der Konzeption in jedem Fall bearbeitet sein müssen, folgen im Wesentlichen den von Tietze et al. vorgeschlagenen Leitgesichtspunkten und Qualitätsbereichen im *Nationalen Kriterienkatalog* (Tietze et al., 2007). Somit ist die fachwissenschaftliche Anbindung gewährleistet und eine breite Abdeckung möglicher Aspekte der Arbeit sichergestellt.

In diesem Leitfaden werden zu den ausgewählten Bereichen keine fachlichen Inhalte ausgearbeitet. Ein solcher Auseinandersetzungsprozess ist unabhängig von der Konzeptionsentwicklung anzustreben. Einen ersten Überblick kann auch hier der *Nationale Kriterienkatalog* bieten. Eine vertiefte Auseinandersetzung ermöglicht er allerdings aufgrund seines eher querschnittartigen Zugangs nicht.

Das Kapitel untergliedert sich in zwei Teile. Im ersten Teil wird auf die pädagogischen Bereiche als Bausteine der pädagogischen Konzeption eingegangen, im zweiten Teil auf die Basiskompetenzen. Zum besseren Verständnis wurden einige Ergebnisse aus dem Kooperationsprojekt „Konzeptionsentwicklung in Werdohler Kindertageseinrichtungen" als Beispiele eingefügt.

2.1 Pädagogische Bereiche

Als pädagogische Bereiche werden alle Situationen des pädagogischen Alltags beschrieben, in denen Fachkräfte direkten Kontakt zu den Kindern haben und dieser gestaltet werden muss, sowie die Bereiche, in denen sich die Kinder beschäftigen. Die pädagogischen Bereiche lassen sich unterscheiden in Bildungsbereiche (z. B. sprachliche Entwicklung, emotionale Entwicklung), den pädagogischen Rahmen des Alltags (z. B. Mahlzeiten, Ruhen und Schlafen) und die Unterstützung der pädagogischen Arbeit (z. B. Kooperation mit Familien, Übergang in die Grundschule).

Für die Entwicklung der pädagogischen Konzeption gibt es eine Reihe von pädagogischen Bereichen, die als mehr oder weniger relevant befunden werden können, dies hängt von den individuellen Bedingungen und Schwerpunkten der Einrichtung ab. Deshalb ist es in Einzelfällen sinnvoll, dass Einrichtungen gegebenenfalls

- Bereiche aussparen, wenn sie keine Relevanz für diese Einrichtung besitzen, z. B. Ruhen und Schlafen oder Integration von Kinder mit Behinderungen oder
- Bereiche hinzufügen, wenn sie eine besondere Relevanz haben, wie beispielsweise Mediennutzung oder Jungen- und Mädchenförderung.

Eine inhaltliche Auseinandersetzung mit den pädagogischen Bereichen ist im Rahmen dieses Leitfadens nicht möglich. Eine ausgewählte Literaturempfehlung des Autors für jeden Bereich findet sich im Anhang des Buches. Darüber hinaus wird auf die entsprechende Passage im *Nationalen Kriterienkatalog* verwiesen, an dem sich die Auswahl der pädagogischen Bereiche orientiert (Tietze et al., 2007, S. 27ff.).

Für die Bearbeitung eines pädagogischen Bereiches empfiehlt sich eine Gliederung, die die fachlichen Ansprüche ausreichend berücksichtigt. Damit nicht für jeden Bereich eine solche entwickelt werden muss, bietet sich eine Gliederung an, die übergreifende und für die meisten pädagogischen Bereiche gültige Aspekte berücksichtigt. Der nachfolgende Gliederungsvorschlag greift dabei die von Tietze et al. (2007) entwickelten Leitgesichtspunkte aus dem *Nationalen Kriterienkatalog* auf.

- Individuelle Einleitung der Einrichtung (z. B. „Das ist uns wichtig“ in Form einer zentralen Aussage)
- Räumliche Bedingungen (Fragen zur Gestaltung und dem Vorhandensein von Innen- und Außenbereich)
- Erzieherin-Kind-Interaktion (Fragen zur Beobachtung, Dialog- und Beteiligungsbereitschaft, Impuls durch die Fachkräfte)
- Planung (Fragen zu den pädagogischen Inhalten und Prozessen sowie Dokumentationen durch Fachkräfte)
- Vielfalt und Nutzung von Material (Fragen zur Zugänglichkeit, Nutzung, Verfügbarkeit und Zustand von Materialien)
- Individualisierung (Fragen des individuellen Umgangs der Kinder mit Materialien und Angeboten sowie individualisierte Zugänge zum Lerngegenstand)
- Partizipation (Fragen zur Einbeziehung der Kinder in Entscheidungs- und Gestaltungsprozesse)
- Intendierte Kompetenzen (Welche Kompetenzen sollen bei den Kindern aufgebaut bzw. gefestigt und erweitert werden?).

Im Rahmen des Kooperationsprojektes „Konzeptionsentwicklung in Werdohler Kindertageseinrichtungen“ sind für die pädagogischen Bereiche bereits erste Ergebnisse entstanden, die hier exemplarisch vorgestellt werden. Dies dient dazu, den Leserinnen und Lesern ein Vorstellung möglicher Umsetzungen zu bieten.

2.1.1 Bildungsbereiche

Die größte Bedeutung in der Konzeptionentwicklung kommt den Bildungsbereichen zu. Nach dem PISA-Schock von 2000 hat sich um Bildungsbereiche eine große Diskussion entfacht, die sich dann in den Bildungsvereinbarungen der Länder niedergeschlagen hat. Einige Bundesländer haben auch weitergehende Maßnahmen entwickelt. So werden beispielsweise in Nordrhein-Westfalen alle vierjährigen Kinder in einem flächendeckenden Sprachfeststellungsverfahren getestet, um eine möglicherweise notwendige Sprachförderung zu ermöglichen.

Zu den klassischen Bildungsbereichen in der Kleinkindpädagogik gehören:

- kognitive Entwicklung
- Sprache und Kommunikation
- sozial-emotionale Entwicklung
- Bewegung.

Das folgende Beispiel wurde in einer der vier städtischen Kindertageseinrichtungen aus Werdohl ausgearbeitet. Dieser Baustein beschreibt die pädagogische Arbeit im pädagogischen Bereich „Bewegung“.

Praxisbeispiel Werdohl: Konzeptbaustein Bewegung

„Leben ist Bewegung
und ohne Bewegung findet Leben nicht statt."

(Moshe Feldenkrais)

Bewegung gehört zu den Grundbedürfnissen der Menschen. Bei Kindern ist der natürliche Bewegungsdrang besonders stark: ... sie wollen laufen, springen, hüpfen, klettern, toben, rutschen ...

Bewegung und Spiel sind ihre grundlegenden Ausdrucks- und Betätigungsformen. Über Bewegung be-greifen Kinder sich selbst und entdecken so die Welt. In Bewegung er-fahren sie viel über sich und ihren Körper und erwerben so grundlegende Kenntnisse sowie motorische Fertigkeiten. Wesentlich stärker als durch verbale Informationsübermittlung eignen sie sich in einem aktiven, spielerischen Prozess Kompetenzen für die Bewältigung verschiedener Lebenssituationen an. Hierzu benötigen Kinder Gelegenheiten, die vielfältigen Bewegungsformen zu entwickeln und zu erlernen.

Aus diesen Gründen und um dem natürlichen Bewegungsdrang der Kinder gerecht zu werden, ist unsere Einrichtung bewegungsfreundlich ausgestattet. Die Gruppenräume und Gruppennebenräume sind großzügig gestaltet und laden zum „Erobern" ein. Es gibt in jedem Bereich eine freie Fläche, die zu grobmotorischen Aktivitäten einlädt und zu spielerischer Bewegung auffordert. Im Außengelände gibt es verschiedene Bodenbeläge wie z. B. ein gepflasterter Bereich für das Fahren mit Dreirädern /Hochrädern und naturnahe Bodenbeläge für die unterschiedlichsten Bewegungsarten. Alle Spielgeräte und Ausstattungsgegenstände werden regelmäßig auf ihre Sicherheit getestet und geprüft.

Zusätzlich verfügt unsere Einrichtung über einen separaten Bewegungsbereich, der täglich von den Kindern in Begleitung einer Fachkraft genutzt wird. Der Bereich ist anregend gestaltet und bietet eine Vielfalt an unterschiedlichen Ausstattungsgegenständen. Hier finden die Kinder fest installierte Geräte wie ein Klettergerüst mit Sprossenwand, Leiter und Rutsche sowie bewegliche Gegenstände wie z. B. Schaukeln, Fahrzeuge, Bälle, Laufdosen u. ä. vor, die zu den verschiedenen Bewegungsabläufen auffordern.

Die Kinder haben die meiste Zeit des Tages freien Zugang zu den Materialien und können so ihren Bewegungsbedürfnissen überwiegend selbstbestimmt nachkommen.

Die Fachkraft beobachtet die Kinder bei ihren Bewegungsabläufen und ihren Interaktionen. Sie kennt die Bewegungsbedürfnisse einzelner Kinder und ermutigt sie, wenn sie neue Bewegungen erproben. Sie plant auch Bewegungsangebote für Kinder, mit geringer Bewegungsmotivation oder für bewegungsunsichere Kinder. Kinder mit besonderen Bewegungsfähigkeiten erhalten von der Fachkraft spezielle Impulse und Anreize.

Durch eigene körperliche Aktivität vermittelt sie Freude an Bewegung und zeigt den Kindern so, dass Laufen, Rennen, Springen, Hüpfen etc. zu natürlichen und selbstverständlichen Tätigkeiten werden.

Das besondere Interesse und die Vorliebe der Kinder für einzelne Ausstattungsgegenstände und Materialien wird von der Fachkraft dokumentiert. Dies berücksichtigt sie bei ihrer Planung von Bewegungsangeboten. Hierzu stellt die Fachkraft wechselnde Materialien für alle Altersgruppen zu Verfügung, die neue Bewegungsanreize schaffen und zu neuen Bewegungsabläufen motivieren. Diese Angebote plant sie für einzelne Kinder oder die Gruppe und orientiert sich dazu jeweils an dem individuellen Entwicklungsstand und den bereits vorhandenen Fertigkeiten der Kinder.

Als „Highlight" nutzen die jeweiligen Schulanfänger des kommenden Jahres 1x wöchentlich in Begleitung zweier Fachkräfte die nahegelegene Schulturnhalle. Dieses Angebot schafft zusätzlich neue Gelegenheiten und Erfahrungsräume, welche die Kinder zu intensiver Bewegung motiviert.

Kompetenzen, die die Kinder in diesem Bereich entwickeln:

- Freude und Spaß (an Bewegung) entwickeln
- Bewegungsfertigkeiten entdecken und steigern
- sich anderen anpassen/auf andere einwirken
- Grenzen erleben und akzeptieren
- Gruppenregeln aushandeln und respektieren
- Rücksicht nehmen
- mit anderen kooperieren.

«««

Weitere Bereiche, die den Bildungsbereichen zugeordnet werden können, sind …

- Bauen und Konstruieren
- Fantasie- und Rollenspiel
- Natur-, Umgebungs- und Sachwissen
- Bildende Kunst, Musik und Tanz.

Das folgende Beispiel einer Einrichtung in Werdohl ist ein Konzeptionsbaustein für den pädagogischen Bereich „Fantasie- und Rollenspiel":

Praxisbeispiel Werdohl: Konzeptbaustein Fantasie und Rollenspiel

Der Funktionsbereich Fantasie- und Rollenspiel befindet sich in einem der oberen Räume unserer Einrichtung. Die Kinder haben ausreichend Platz und können dort ungestört spielen.

Für die unterschiedlichen Darstellungsformen, wie Theaterspiel, Schattenspiel, Handpuppenspiel etc. steht eine Bühne zur Verfügung, die auch für das spontane Fantasie- und Rollenspiel genutzt werden kann. Darüber hinaus befinden sich im Raum eine Verkleide- und Schminkecke, sowie eine klassische Puppenecke.

Das Spiel der Kinder wird regelmäßig beobachtet. Die Namen der Kinder, der Inhalt des Spiels und die Rollenverteilung werden schriftlich festgehalten. Es ist uns wichtig, dass die zuständige Fachkraft für die Kinder ansprechbar und bereit ist, sich an den Spielen zu beteiligen. Durch die ihr von den Kindern zugewiesenen Rollen, oder die, die sie aus eigener Motivation übernimmt, hat sie die Möglichkeit, das Spielgeschehen durch eigene Ideen und Impulse zu unterstützen und zu ergänzen. Dabei achtet sie darauf, dass die Spielidee der Kinder unverändert bleibt.

Entsprechend dem Thema wird das Spiel durch unterschiedliche Materialien (Haarfön, Trockenhaube, ausgedienter Computer etc.) oder Medien (Sachbücher, Bilderbücher, Fotos, Musik etc.) unterstützt und bereichert.

Neben dem spontanen selbstinitiierten Fantasie- und Rollenspiel der Kinder, gibt es das Angebot angeleiteter Theaterspiele für große und kleine Gruppen.

Ein Theaterstück, dargestellt von einer großen Gruppe (20–25 Kinder) findet in der Regel einmal im Jahr statt und wird bei einem Anlass (Sommerfest, Großelternnachmittag etc.) aufgeführt. Es gibt außer den Hauptrollen, die von den älteren Kindern übernommen werden, viele kleine Nebenrollen, die dem jeweiligen Entwicklungsstand der Kinder angepasst sind.

Das Theaterspiel in kleinen Gruppen (2–10 Kinder) findet regelmäßig statt. Die Teilnahme aller interessierten Kinder wird berücksichtigt.

Die Themen ergeben sich aus aktuellen Lieblingsgeschichten oder -märchen, aus aktuellen Filmen und Fernsehserien, aber auch aus alltäglichen Begebenheiten („Ich habe mich im Kaufhaus verlaufen", „Der Wald brennt" etc.)

Dabei bleibt es den Kindern überlassen, ob sie die Handlungen mit Hand/Stabpuppen spielen oder ob sie entsprechend verkleidet selbst in die Rollen schlüpfen. Das Theaterspiel wird mit den Kindern gemeinsam erarbeitet, z. B.: Wer übernimmt welche Rolle? Welche Requisiten werden benötigt? Wie soll der Spielverlauf sein?

Beim spontanen sowie angeleiteten Fantasie- und Rollenspiel ist es uns wichtig, dass die zuständige Fachkraft sich bei ihrer Planung an den Fähigkeiten, Bedürfnissen und Interessen der Kinder orientiert, auf Vorstellungen und Wünsche der Kinder eingeht und sie gemeinsam mit ihnen realisiert.

Das Fantasie- und Rollenspiel eignet sich besonders zur Integration der Kinder mit Migrationshintergrund. Wir haben die Aufgabe, Kindern unterschiedlicher Herkunft beim gemeinsamen Spiel zu helfen und zu unterstützen. Alle sollen die Möglichkeit haben, spielerisch unterschiedliche Lebensweisen zu erfahren und zu verarbeiten. Ein Beispiel aus der Puppenecke: Was und wie wird in den Familien gekocht? Wie werden Kleinkinder umsorgt? Wie werden Räume geschmückt? Welche Rituale gibt es in den Familien? Wie werden Feste gefeiert? Was ist gleich, was ist anders?

Um die Kinder bei ihrem Spiel unterstützen und fördern zu können, erweitert die zuständige Fachkraft ggf. ihren Wissenstand. Lautet das Thema z.B.: „Wir fliegen ins Weltall", muss sie auf Fragen und Wünsche der Kinder reagieren können. Es gehört zu unserer Planung, sich Sachwissen anzueignen und mit der Thematik auseinanderzusetzen. Dazu sind auch Kenntnisse über aktuelle Film- und Fernsehhelden, die die Kinder beschäftigen, nötig.

Für das tägliche Spiel steht den Kindern ausreichend Zeit zur Verfügung. Die Raumaufteilung lässt es zu, dass spontanes Spiel und angeleitete Aktivitäten in Kleingruppen, gleichzeitig stattfinden können.

Neben dem Einsatz von Bilder- Geschichten- und Sachbüchern gibt es je nach Interesse der Kinder auch Aktivitäten außerhalb der Einrichtung. Lautet das Spielthema beispielsweise: „Wir fahren mit dem Zug", bietet sich der Besuch des Bahnhofs und eine kleine Bahnreise an.

Das Fantasie- und Rollenspiel und die beobachtete Entwicklung einzelner Kinder werden unterstützt durch Fotos dokumentiert.

Im Eingangsbereich des Kindergartens präsentieren wir die Fotos und die Erläuterungen zu den aktuellen Spielthemen. Die Eltern können sich so über das Spiel ihrer Kinder informieren und haben die Möglichkeit, sich durch eigene Kompetenz oder durch Sachen und Dinge, die sie zur Spielbereicherung zur Verfügung stellen, mitzuarbeiten.

Eltern und Kinder ergänzen dadurch die Materialsammlung des Kindergartens, die sich aus einer Sammlung an Verkleidungen, Decken, Tüchern, Dingen aus der Natur, alltäglichen Sachen usw. zusammensetzt. Es steht den Kindern die meiste Zeit des Tages zur Verfügung und ist für Kinder aller Entwicklungsstufen vorhanden.

Die Kinder erarbeiten mit der zuständigen Fachkraft die Regeln für den Funktionsbereich, z. B. für den Umgang mit Materialien, für die Nutzung der Spielecken. Die Regeln werden dokumentiert und die Kinder dazu aufgefordert, untereinander auf die Einhaltung zu achten. In regelmäßigen Abständen finden Treffen statt, bei denen gemeinsam mit den Kindern geprüft wird, ob die Regeln noch Gültigkeit und Bestand haben und ob sie tatsächlich eingehalten werden.

Die Kinder sind aufgefordert bei Neuanschaffungen für den Funktionsbereich Vorschläge zu machen und bei der Auswahl mit zu entscheiden.

Die Gestaltungsideen- und wünsche der Kinder werden berücksichtigt. Ihren Fähigkeiten entsprechend helfen sie mit beim Herstellen der Kulissen, Requisiten und der Kostüme.

Welche Kompetenzen erweben die Kinder im Fantasie- und Rollenspielbereich?

- Wir unterstützen die Kinder dabei, Erlebtes durch das Spiel zu verarbeiten und zu begreifen. Sie setzen sich mit den Rollen auseinander in die sie geschlüpft sind, entwickeln eigene Ideen und machen Zukünftiges bereits „erlebbar".
- Sie können auf diese Weise Lebensentwicklungen und Geschehnisse nachvollziehen.
- Sie verschaffen sich Entlastung von Erlebnissen und unverarbeiteten Ereignissen.
- Sie lernen Ängste und Bedürfnisse in Worte zu fassen.
- Den Kindern fällt es leichter, mit Puppen zu sprechen und diese für sich sprechen zu lassen oder sich zu äußern, wenn sie in eine Rolle geschlüpft sind.
- Hemmschwellen werden abgebaut und sie gewinnen an Sicherheit und Selbstvertrauen.
- Kinder unterschiedlicher nationaler Herkunft lernen gemeinsam zu spielen, Gemeinsamkeiten und Unterschiede in der Lebensweise zu erkennen, einander zu verstehen und zu tolerieren.
- Die Kinder erweitern ihren Wortschatz, verbessern ihr Sprachverständnis, die Satzstrukturen und den Redefluss.
- Wenn das gemeinsame Spiel funktionieren soll, müssen ständig Absprachen getroffen werden. Die Kinder üben Verständigung und Kompromissfindung.
- Beim Herrichten der Spielorte und um Spielmaterial zu beschaffen, wird organisiert, umfunktioniert und konstruiert. Die Kinder erlernen fantasievolle, kreative Gestaltung und handwerkliche Feinmotorik.

«««

2.1.2 Der pädagogische Rahmen des Alltags

Die weiteren pädagogischen Bereiche umfassen den pädagogischen Rahmen des Alltags. Diese Bereiche weisen neben einer pädagogischen Ebene immer auch eine eher strukturell-organisatorische Ebene auf. Betrachtet man beispielsweise den Bereich „Ruhen und Schlafen", gibt es die pädagogische Betreuung der Kinder während der Ruh- oder Schlafphase sowie den organisatorischen Rahmen. In diesen Bereichen erwerben die Kinder auch Kompetenzen zur Bewältigung von Alltagssituationen.

Zu diesen Bereichen zählen:

- Raum für Kinder
- Tagesgestaltung
- Ruhen und Schlafen
- Mahlzeiten und Ernährung
- Sicherheit
- Gesundheit und Körperpflege
- Begrüßung und Verabschiedung.

Das nachfolgende Beispiel einer Einrichtung aus Werdohl zeigt einen Konzeptionsbaustein für den Bereich „Tagesgestaltung".

Praxisbeispiel Werdohl: Konzeptbaustein Tagesgestaltung

Die offene Kindertageseinrichtung/Planung
In unserer Einrichtung wird „offen" gearbeitet. Die Kinder haben die meiste Zeit des Tages die Möglichkeit, nach Absprache und Einhaltung festgelegter Regeln in der gesamten Kindertageseinrichtung aktiv zu sein. Dabei stehen ihnen der Rollenspiel- und Entspannungsbereich, der Bau- und Experimentierbereich, der Mal- und Werkbereich, der Bewegungsbereich, die Lernwerkstatt, der Flur mit dem Bällebecken, der Essraum, der Außenspielbereich und die Waldgruppe zur Verfügung. In den Funktionsräumen finden sie verlässliche Ansprache, Betreuung und Förderung von der Erzieherin, die für den Bereich zuständig ist. Die Kinder lernen die selbständige Nutzung der Funktionsräume und orientieren sich anhand von täglich wiederkehrenden Fixpunkten. Dadurch lernen sie, ein Zeitgefühl zu entwickeln.

Für die Gestaltung des Tages wird von allen Fachkräften ein hohes Maß an Flexibilität und Absprache mit den Kolleginnen gefordert.

Die pädagogischen Aktivitäten, die Organisation der Routinen, die Beobachtungen der Bedürfnisse und Anforderungen der Kinder werden täglich besprochen und in der Zeitplanung berücksichtigt. Alle Fachkräfte halten ihre inhaltliche und organisatorische Planung schriftlich auf der Planungstafel im Flurbereich fest. Dabei berücksichtigen sie die Planung der Kolleginnen und die individuellen Bedürfnisse der Kinder. Auch langfristige Projekte und wiederkehrende Ereignisse (Abschlussfeier der Schulanfänger, Weihnachtszeit etc.) werden berücksichtigt. Bei der Planung achtet die Fachkraft auf ausreichend freie Zeit zum Spielen und einen individuellen Wechsel zwischen Anspannung und Ruhephasen.

Die Kinder nutzen täglich die abwechslungsreichen Material- und Aktivitätsangebote in den Funktionsbereichen und wählen die meiste Zeit des Tages in der Freispielphase Spielort, Spielpartner und Spieldauer.

Die Regeln in den Funktionsbereichen werden mit den Kindern wiederholt vereinbart und Änderungen werden gemeinsam besprochen.

Die Fachkraft
Die Fachkräfte beobachten die Kinder und stehen für Gespräche zur Verfügung. Sie planen mit den Kindern die Aktivitäten des Tages für den Funktionsbereich und sprechen Vorhaben und Änderungen ab. Sie reagieren auf emotionale Signale wie Müdigkeit, Überforderung oder Anspannung und erkennen die Bedürfnisse der Kinder nach Zuwendung oder Aktivität sowie Ruhe oder Rückzug.

Auf der Grundlage ihrer Beobachtungen führen die Fachkräfte regelmäßig Projekte und Aktivitäten in Kleingruppen durch. Der Verlauf richtet sich nach den Interessen und Fähigkeiten der Kinder. Die Erzieherinnen geben notwendige Impulse und stehen in einem ständigen Dialog mit den Kindern. Sie ermöglichen somit eine Beteiligung der Kinder am Projektverlauf.

Die Tagesplanungen und Beobachtungen werden von jeder Fachkraft schriftlich dokumentiert.

Routinen
Die Struktur unseres Kindergartentages besteht aus festgelegten Aktivitäten und der freien Zeit zum Spielen. So können sich die Kinder im Tagesverlauf an wiederkehrenden Elementen orientieren und ihren Rhythmus finden.

Freispiel
Die Kinder wählen die Spielpartner, Spielorte, Spieldauer und die Bezugspersonen innerhalb der abgesprochenen Regeln. Sie werden durch vielfältige, wechselnde Materialien zum Spiel aufgefordert und die zuständige Erzieherin berücksichtigt auch individuelle

Aktivitäten. Durch Anregungen und initiierte Situationen ermuntert die Fachkraft einzelne Kinder, an Aktivitäten im Freispiel teilzunehmen, für die sie bisher wenig Interesse gezeigt haben. Jedes Kind übernimmt im Wechsel bestimmte Aufgaben wie Blumen gießen, Fische füttern, trommeln, Tisch decken etc.

Begrüßung
Bis 9.00 Uhr werden die Kinder in den Kindergarten gebracht und von der Gruppenleiterin in ihrer Gruppe begrüßt und in Empfang genommen. Danach können die Kinder unter bestimmten Funktionsbereichen wählen.

Frühstück
Die Kinder haben von 8.00 Uhr – 10.30 Uhr die Möglichkeit, im Essraum zu frühstücken. Das Frühstück ist gleitend und bietet so den Kindern Gelegenheit, in ihrem individuellen Tempo zu essen. Nach dem Frühstück und nach dem Mittagessen putzen die Kinder ihre Zähne. Sie lernen, dass Körperhygiene als fester Bestandteil zur Tagesgestaltung gehört.

Trommeln
Täglich trommeln zwei Kinder den Morgenkreis ein. Sie gehen durch die Gruppenräume und signalisieren damit allen Kindern den Beginn des Morgenkreises in den Stammgruppen.

„Ting-teng"
In einer Blitzrunde bespricht ein Teil der Kolleginnen an der Planungstafel im Flur den organisatorischen Tagesablauf und alle geplanten Aktivitäten wie Kleingruppentage, Projektarbeit, Geburtstagsfeiern, Ausflüge ... Diese Besprechung ist ein Teil der Grundlage für den täglichen Morgenkreis.

Morgenkreis
Die Kinder verbringen den Morgenkreis von 9.10 Uhr–9.30 Uhr in ihrer Stammgruppe. Im Morgenkreis sprechen die Kinder vor der Gruppe über selbstgewählte Themen. Es werden Lieder gesungen, Gruppenspiele durchgeführt, Geburtstage gefeiert und der Tagesablauf besprochen. Die Kinder sind an der Gestaltung des Morgenkreises beteiligt und wählen häufig die Themen, Lieder und Spiele gemeinsam aus. Zum Ende des Morgenkreises legen die Kinder gemeinsam mit der Erzieherin fest, an welchen Aktivitäten sie teilnehmen oder welchen Funktionsbereich sie aufsuchen. Jedes Kind erhält eine Symbolkarte, die es an seinem Garderobenplatz befestigt und sucht den Funktionsbereich auf. Die Symbolkarte gibt den Kindern Orientierung, welchen Bereich sie gewählt haben oder welcher Aktivität sie zugeordnet sind. Besonders bei jüngeren Kindern ist diese Visualisierung wichtig und unterstützt die selbständige Nutzung der Funktionsbereiche.

Sprachspielgruppen
Täglich finden zu festen Zeiten Sprachspielgruppen statt. Die Kinder sind festen Gruppen zugeordnet und lernen spielerisch mit gezielten Aktivitäten die deutsche Sprache.

Kleingruppentag
In allen Funktionsbereichen findet einmal wöchentlich ein Kleingruppentag statt. Der Tag steht der Fachkraft für intensive Projektarbeit und Dokumentation mit einer Kleingruppe zur Verfügung. Die Kinder arbeiten in Kleingruppen intensiv an bestimmten Themen. Individuelle Vorschläge und Vorlieben der Kinder können dabei berücksichtigt werden.

Verabschiedung
Zwischen 12.00 Uhr und 12.30 Uhr werden die Kindergartenkinder abgeholt oder vom Kinderbus nach Hause gebracht.

Mittagessen
Die Tagesstättenkinder essen von 11.45–12.30 Uhr in zwei festgelegten Gruppen. Bei der Auswahl des Mittagessens sind die Kinder beteiligt.

Ruhen und Schlafen
Einige Kinder schlafen oder ruhen nach ihren Bedürfnissen im Schlafraum. Nach dem Essen liest die Fachkraft den Kindern eine Geschichte vor oder die Tagesstättenkinder gehen in dieser Zeit ruhigen Beschäftigungen nach, sie malen oder spielen.

Verabschiedung
Am Nachmittag werden die Kinder bis 16.00 Uhr abgeholt. Die Fachkraft verabschiedet sich von den Kindern und bespricht wichtige Ereignisse des Tages mit den Eltern.

<<<<

2.1.3 Bereiche zur Unterstützung der pädagogischen Arbeit

In den Bereichen zur Unterstützung der pädagogischen Arbeit finden sich Themenfelder, die die pädagogische Arbeit in der Einrichtung unterstützen oder als Querschnittsaufgabe oder temporäre Aufgabe zu verstehen sind, wie etwa:

- Eingewöhnung
- Übergang in die Grundschule
- Kulturelle Vielfalt
- Integration von Kindern mit Behinderungen
- Zusammenarbeit mit Familien
- Leitung.

Die Bereiche Leitung und Zusammenarbeit mit Familien wirken unterstützend auf die Optimierung der pädagogischen Prozesse und individuellen Förderung. Bei der Eingewöhnung und beim Übergang in die Grundschule handelt es sich um sogenannte Transitionen, die einen Übergang von einem in das andere soziale System kennzeichnen. In den Bereichen „kulturelle Vielfalt" und „Integration" stehen zum einen Kinder mit anderen Herkunftskulturen im Fokus, zum anderen Kinder mit Behinderungen.

Aus diesem Bereich wird das Beispiel „Zusammenarbeit mit Familien" vorgestellt.

Praxisbeispiel Werdohl: Konzeptbaustein Zusammenarbeit mit Familien

Die Zusammenarbeit mit Familien beginnt mit der ersten Kontaktaufnahme. Wenn wir mit anderen Menschen zusammentreffen, dann entscheiden wir unbewusst schon in den ersten Sekunden, ob uns unser Gegenüber sympathisch ist oder nicht. Das Gleiche gilt auch für Eltern, die einen Termin in unserer Einrichtung vereinbaren, um sich über die Räumlichkeiten, die pädagogische Arbeit und insbesondere auch über die Betreuungskräfte ein Bild zu machen und sich zu informieren. Dieser erste Kontakt kann für eine spätere Anmeldung ausschlaggebend sein und es ist sehr wichtig für die zukünftige Zusammenarbeit, wie sich die Erzieherinnen bzw. die Leiterin präsentieren. Eltern entscheiden, ob sie sich eine gute und für sie zufriedenstellende Zusammenarbeit vorstellen können. Sie entscheiden nach kurzer Zeit, ob sie ihr Kind den Personen anvertrauen möchten und die Grundhaltung der Einrichtung zu den eigenen Vorstellungen passt. Schon mit dem ersten Kontakt zu Eltern möchten wir den Grundstein für eine vertrauensvolle und gleichwertige Erziehungspartnerschaft legen.

Das Informationsgespräch
Nach Terminabsprache haben die Eltern die Möglichkeit, sich umfassend über unsere Einrichtung zu informieren. Die Eltern bringen das Kind zur Besichtigung der Innen- und Außenräume mit. Die Leitung stellt sich vor und fragt nach dem Namen und Alter des Kindes. Sie informiert die Eltern in einem Rundgang über wesentliche Bestandteile des Tagesablaufs und den Spielmöglichkeiten. Die Leitung erläutert situationsbezogen die konzeptionelle Arbeit und beantwortet Fragen. Zeigen die Eltern großes Interesse, informiert sie ausführlicher. Während des Rundgangs stellt die Leitung alle anwesenden Kolleginnen namentlich vor und gibt die Gelegenheit für

kurze Gespräche. Im Anschluss wird Informationsmaterial über die Einrichtung und die pädagogische Arbeit an die Eltern gegeben. Außerdem steht ausreichend Zeit für individuelle Fragen zur Verfügung. Die Leitung erkundigt sich nach dem Gesundheitszustand des Kindes und lässt Raum für persönliche Mitteilungen, die für die Betreuung von Belang sein könnten, z. B. Trennungsängste des Kindes nach einer Scheidung, Essgewohnheiten ...

Die Eltern erhalten Anmeldeunterlagen und können nach Wunsch direkt in die Anmeldeliste aufgenommen werden. Zum Schluss erhält die Familie eine Visitenkarte der Einrichtung und das Kind ein kleines Geschenk (Luftballon, Aufkleber ...). Die Leitung notiert die wichtigsten Informationen des Gesprächs.

Vorbereitung auf den Kindergartenalltag

Vor Eintritt in den Kindergarten findet für alle „neuen" Eltern ein Informationselternabend statt. Alle Kolleginnen stellen sich und ihre Funktion in der Einrichtung (z. B. Gruppenleiterin, Zuständigkeitsbereich Waldgruppe, Rollenspielbereich ...) anhand von Bildern aus dem Kindergartenalltag vor. Alles, was das zukünftige Kindergartenkind an Ausstattung braucht und wie Geburtstage oder religiöse Feste gefeiert werden, wird ebenfalls besprochen. Formale Angelegenheiten, wie z. B. Bring- und Abholrituale oder jährliche zahnärztliche Untersuchungen werden geklärt und alle Fragen der Eltern, wie z. B. die Busbeförderung oder Aufsichtspflicht, werden besprochen. Gegebenenfalls werden noch Terminabsprachen für Einzelgespräche festgehalten. Termine für Vorabbesuche, sogenannte „Schnuppernachmittage", werden den Eltern bekannt gegeben und über mögliche Vorgehensweisen in der Eingewöhnungszeit berichtet. Im Anschluss haben die Eltern die Möglichkeit, mit den Fachkräften „ihrer" Gruppe individuelle Fragen abzuklären und sich in „ihrer" Gruppe umzuschauen.

Eingewöhnung

Die zuständigen Fachkräfte sprechen mit den Eltern das individuelle Vorgehen während der Eingewöhnung ab. Dabei informieren sich die Fachkräfte über Gewohnheiten und die häusliche Lebenssituation der Kinder. Insbesondere während der Eingewöhnung findet ein intensiver Austausch mit den Eltern über die ersten Erfahrungen mit dem Kindergartenalltag statt. Sollte es anhaltende Trennungsprobleme geben, findet ein Elterngespräch statt. In den ersten Tagen besteht für die Eltern die Möglichkeit, ihr Kind in die Gruppe zu begleiten. Eltern, die in den ersten Tagen in der Einrichtung bleiben, stehen die Küche und das Büro als Rückzugsmöglichkeiten zur Verfügung. Das Angebot, eine Tasse Kaffee zu trinken, in Literatur zu stöbern oder sich mit anderen Eltern auszutauschen kann dabei genutzt werden. Außerdem steht den Eltern dauerhaft ein Stehtisch mit Sitzgelegenheiten im Flurbereich z. B. zum Überbrücken von Wartezeiten zur Verfügung.

Das sagt das Gesetz

§ 3 Aufgaben und Ziele (KiBiz)

(2) Die Förderung des Kindes in der Entwicklung seiner Persönlichkeit und die Beratung und Information der Eltern insbesondere in Fragen der Bildung und Erziehung sind Kernaufgaben der Kindertageseinrichtungen und der Kindertagespflege. Das pädagogische Personal in den Kindertageseinrichtungen und die Tagespflegepersonen haben den Bildungs- und Erziehungsauftrag im regelmäßigen Dialog mit den Eltern durchzuführen und deren erzieherische Entscheidungen zu achten.

Elternberatung

In Tür- und Angelgesprächen während der Bring- und Abholphase informiert eine Erzieherin die Eltern über wichtige Ereignisse des Tages. Der Umgang mit den Eltern ist respektvoll und interessiert. Zwei mal jährlich finden Elternsprechtage statt, an denen nach Terminvereinbarung Entwicklungsgespräche zwischen den zuständigen Fachkräften und Eltern geführt werden. In den Gesprächen äußern sich die Fachkräfte positiv und respektvoll über das Kind. Sie beraten die Eltern bei allen individuellen Fragen zur Entwicklung des Kindes oder zu „Erziehungsnöten". Dabei verzichten sie auf eine Gesprächsführung, die durch Besserwisserei oder Bevormundung charakterisiert ist. Sie schaffen eine vertrauensvolle Basis und akzeptieren zunächst die Meinung und Einschätzung der Eltern und sehen sie als gleichwertige Erziehungspartner und Experten an. Sie orientieren sich an den wirklichen Sorgen und Fragen der Eltern und bemühen sich, eine gemeinsame Sprache und Basis zu finden. In einem klärenden Gespräch entwickeln sie gemeinsam mit den Eltern Lösungsstrategien und besprechen Fördermöglichkeiten und zukünftige Vorgehensweisen. Es findet ein regelmäßiger Austausch statt.

Bei Bedarf werden den Eltern Informationen über Beratungsstellen und Therapieeinrichtungen zur Verfügung gestellt. Gemeinsame Gespräche mit Therapeuten werden in der Einrichtung angeboten.

Terminvereinbarungen für Eltergespräche sind auch außerhalb der Elternsprechtage möglich. Wünschen Eltern Einsicht in die fortlaufende Bildungsdokumentation, ist dies ebenfalls jederzeit möglich.

Elternbildung

In regelmäßigen Abständen, mindestens einmal jährlich, finden Elternnachmittage bzw. -abende zu bestimmten pädagogischen Themen, wie zum Beispiel Sprache, Medien, Lernwerkstatt, Entspannung, Waldpädagogik, Grenzen setzen, starke Eltern – starke Kinder, Drogenprävention ..., statt. Die Veranstaltungen werden von den Fachkräften vorbereitet und durchgeführt oder eine externe Fachkraft wird engagiert. Nach Möglichkeit übernimmt die Einrichtung die Kosten, um allen Eltern den Zugang zu ermöglichen. Fachliteratur, Fachzeitschriften und gemeinsame Fortbildungen werden ebenfalls angeboten. Die Themen können Eltern auf der Elternversammlung oder jederzeit bei allen Mitarbeiterinnen einbringen.

Elternmitarbeit

§ 9 des KiBiz beschreibt die Zusammenarbeit mit Eltern in Form der Elternversammlung, des Elternbeirates und des Rates der Einrichtung.

Darüber hinaus bieten wir den Eltern vielfältige Möglichkeiten, sich im Kindergarten zu engagieren. Sei es in Form von Umgestaltungen des Außenspielgeländes, handwerklichen Unterstützungen, Mithilfe beim vorweihnachtlichen Plätzchen backen, Vorlesen, Entsorgung von Altpapier, Hospitationen in der Einrichtung und in der Waldgruppe, Vor- und Nachbereitung von Klönnachmittagen, Organisation von Projekten ...

Um ungeahnte Fähigkeiten und Möglichkeiten der Eltern zu erfahren, bitten wir Eltern einmal jährlich um eine Rückmeldung, welche Mitwirkungsmöglichkeiten sie sich vorstellen könnten und in welcher Form sie für die Einrichtung umsetzbar sind. Zum Beispiel spielt ein Kindergartenvater auf dem Laternenumzug Trompete und eine andere Familie stellt das Pferd zur Verfügung. Bei der Elternmitarbeit legen wir Wert auf die Mitarbeit, die die Arbeit mit den Kindern begleiten und bereichern soll. Kritik und Anregungen werden konstruktiv verarbeitet und konzeptionelle Vorschläge der Eltern angemessen berücksichtigt.

Informationen

Damit alle Eltern gleichwertig berücksichtigt werden, gehen Terminübersichten und Einladungen, sowie regelmäßige Informationen über wichtige Belange der Einrichtung und zu Themen der Kinder in schriftlicher Form an die Eltern.

Für Informationen über externe Veranstaltungen oder Nachrichten für andere Eltern steht im Eingangsbereich eine große Infotafel zur Verfügung.

Über die Arbeit mit den Kindern informieren wir über Wanddokumentationen. Die pädagogische Arbeit wird auf diese Weise beschrieben, mit Werken und Äußerungen der Kinder, Fotos und eingesetztem Material (Bücher, Texten, CDs, Liedertexten ...) ergänzt.

«««

2.2 Basiskompetenzen als Bausteine eines pädagogischen Konzepts

Unter Basiskompetenzen werden hier die fachlichen Kompetenzen der Fachkräfte verstanden, mit deren Hilfe pädagogische Inhalte und Prozesse in verschiedenen pädagogischen Bereichen (kognitive Entwicklung, Rollenspiel, Mahlzeiten etc.) systematisch und adäquat gestaltet werden. Zu den Basiskompetenzen gehören:

- Beobachtungskompetenz
- Dokumentationskompetenz
- Planungskompetenz
- Kommunikations- und Interaktionskompetenz
- Kompetenz zum Aufbau von partizipatorischen Prozessen.

Basiskompetenzen bilden einen grundlegenden Ordnungsrahmen für die pädagogische Praxis in Tageseinrichtungen für Kinder. Sie stellen sicher, dass in allen pädagogischen Bereichen die gleichen Grundprinzipien bei der Beschreibung herangezogen werden. In jedem pädagogischen Bereich ist es zum Beispiel die Aufgabe der Erzieherin, die Kinder zu beobachten und ihre Arbeit zu dokumentieren, aber auch die Möglichkeit zur Mitbestimmung und -gestaltung zu schaffen und individualisierte Angebote bereitzustellen (Groot-Wilken, 2007, 2008). Die Bedeutung der Basiskompetenzen geht aber über die Funktion einer ordnungsstiftenden Instanz hinaus, da sie einen Wert an sich für die Qualität der pädagogischen Arbeit sind und auch der Grad der Professionalität eines Teams repräsentieren. Basiskompetenzen sind die Fähigkeiten und Fertigkeiten, mit denen jede Fachkraft im Erziehungs- und Bildungsprozess ausgestattet sein muss, auch wenn der Grad der Ausprägung von Fachkraft zu Fachkraft variiert. Die große Bedeutung der strukturierenden und quer zu den pädagogischen Bereichen liegenden Kompetenzen legitimiert auch die Auseinandersetzung mit ihnen im Rahmen der Konzeptionsentwicklung. Im Folgenden werden diese Basiskompetenzen nun ausführlicher beschrieben.

2.2.1 Beobachtungskompetenz

Beobachtung ist neben den Entwicklungsgesprächen mit Eltern die wichtigste Quelle, um Wissen über die Kinder zu erwerben. Aus diesem Grund hat die Beobachtungskompetenz einen sehr hohen Stellenwert. Der kontinuierliche Beobachtungsprozess ermöglicht Fachkräften, auf ein umfassendes Repertoire an Informationen zu einzelnen Kindern sowie auch zur Gruppe zurückgreifen zu können. Professionelle Beobachtungen sind systematische und kontinuierliche Prozesse, die die Grundlage für die Planung von Bildungs- und Erziehungsprozessen bilden. Im Gegensatz zu zufälligen Beobachtungen erfolgen systematische Beobachtungen absichtsvoll und geplant (vgl. Viernickel/Völkel, 2005; Strätz/Demandewitz, 2003, Groot-Wilken, 2007). Durch die Verankerung in der pädagogischen Konzeption wird sichergestellt, dass eine zuverlässige und vertiefte Wissensbasis für die Planung entsteht.

Im Rahmen der Konzeptionsentwicklung setzt sich ein Team mit den folgenden, in der Dokumentationshilfe 1 aufgelisteten Fragen zur Beobachtungskompetenz auseinander:

BEOBACHTUNGSKOMPETENZ

Beobachtung …	von sozialen Kompetenzen	von emotionalen Kompetenzen	von sprachlichen Kompetenzen
Wie regelmäßig wird dieser Bereich beobachtet?			
Wozu werden die Ergebnisse der Beobachtung genutzt?			
Welche Veränderungen im pädagogischen Handeln werden durch die Ergebnisse herbeigeführt?			
Welche Elemente sind wichtig für das pädagogische Konzept?			

DOKUMENTATIONSHILFE 1

Beobachtungskompetenz

Beobachtung …	von kognitiven Kompetenzen	von motorischen Kompetenzen	von kreativen und musischen Kompetenzen
Wie regelmäßig wird dieser Bereich beobachtet?			
Wozu werden die Ergebnisse der Beobachtung genutzt?			
Welche Veränderungen im pädagogischen Handeln werden durch die Ergebnisse herbeigeführt?			
Welche Elemente sind wichtig für das pädagogische Konzept?			

Dokumentationshilfe 1

BEOBACHTUNGSKOMPETENZ

Beobachtung …	von Spielsituationen, Spielthemen und Spielpartnern	von Materialiennutzung	von Partizipationsprozessen und Alltagsgestaltung durch die Kinder
Wie regelmäßig wird dieser Bereich beobachtet?			
Wozu werden die Ergebnisse der Beobachtung genutzt?			
Welche Veränderungen im pädagogischen Handeln werden durch die Ergebnisse herbeigeführt?			
Welche Elemente sind wichtig für das pädagogische Konzept?			

DOKUMENTATIONSHILFE 1

Beobachtungskompetenz

Beobachtung …	des Verhaltens der Kinder in der Eingewöhnungsphase	von Unterschieden im Rollenverhalten von Jungen und Mädchen	von Unterschieden im Verhalten von Kindern mit unterschiedlichen kulturellen Hintergründen
Wie regelmäßig wird dieser Bereich beobachtet?			
Wozu werden die Ergebnisse der Beobachtung genutzt?			
Welche Veränderungen im pädagogischen Handeln werden durch die Ergebnisse herbeigeführt?			
Welche Elemente sind wichtig für das pädagogische Konzept?			

Dokumentationshilfe 1

BEOBACHTUNGSKOMPETENZ

Beobachtung …	der Gruppenstruktur	des Essverhaltens
Wie regelmäßig wird dieser Bereich beobachtet?		
Wozu werden die Ergebnisse der Beobachtung genutzt?		
Welche Veränderungen im pädagogischen Handeln werden durch die Ergebnisse herbeigeführt?		
Welche Elemente sind wichtig für das pädagogische Konzept?		

DOKUMENTATIONSHILFE 1

2.2.2 Dokumentationskompetenz

Neben der Beobachtung ist die Dokumentation ein weiterer zentraler Bestandteil in der pädagogischen Arbeit mit Kindern. Oftmals wird die Dokumentation von den Fachkräften wenig geschätzt, da sie sehr zeitintensiv ist. In neueren Modellen zur Dokumentation, wie zum Beispiel dem Portfolio (vgl. Bostelmann, 2006; Groot-Wilken, 2008), sind effektive und effiziente Verfahren aufgezeigt worden, die diesem Einwand Rechnung tragen. Nichtsdestotrotz ist die schriftliche Fixierung von Informationen aus Beobachtungen, Planungen, Prozessen und Gesprächen für die Planung von individueller Förderung der Kinder wichtig, denn aus diesem Schatz können die Inhalte von Aktivitäten, Projekten und Angeboten gewonnen werden. Somit dient die Dokumentation als Archiv der Bedürfnisse, Interessen und Wünsche der Kinder.

Ein Team muss wissen, welche Aspekte des pädagogischen Handelns und Alltags wie dokumentiert werden kann und welche Konsequenzen daraus entstehen.

Teams beschäftigen sich mit den folgenden, in der Dokumentationshilfe 2 aufgeführten Aspekten:

DOKUMENTATIONSKOMPETENZ

Doku-mentation …	von sozialer, emotionaler, kognitver und sprachlicher Entwicklung	von Lerninhalten, -strategien und -zielen	von Fähigkeiten und Fertigkeiten
Wie regelmäßig wird dieser Bereich dokumentiert?			
Wozu werden die Ergebnisse der Dokumentation genutzt?			
Wer dokumentiert in diesem Bereich?			
Welche Elemente sind wichtig für das pädagogische Konzept?			

DOKUMENTATIONSHILFE 2

DOKUMENTATIONSKOMPETENZ

Dokumentation …	von Transitionsprozessen	von Spielthemen und -partnern und Materialnutzung	von Projekten, Aktivitäten und Angeboten
Wie regelmäßig wird dieser Bereich dokumentiert?			
Wozu werden die Ergebnisse der Dokumentation genutzt?			
Wer dokumentiert in diesem Bereich?			
Welche Elemente sind wichtig für das pädagogische Konzept?			

DOKUMENTATIONSHILFE 2

DOKUMENTATIONSKOMPETENZ

Dokumentation ...	von Alltagsgeschehen und Routinen	von individueller Förderung	der Zusammenarbeit mit den Familien	von Entwicklungsgesprächen
Wie regelmäßig wird dieser Bereich dokumentiert?				
Wozu werden die Ergebnisse der Dokumentation genutzt?				
Wer dokumentiert in diesem Bereich?				
Welche Elemente sind wichtig für das pädagogische Konzept?				

DOKUMENTATIONSHILFE 2

2.2.3 Planungskompetenz

Erziehung und Bildung finden in der Tageseinrichtung über die Gestaltung des Alltags und durch das Angebot verschiedener Projekte und Aktivitäten statt. Die Kompetenz, pädagogische Planungen so zu gestalten, dass die Interessen, Bedürfnisse und Ideen der Kinder berücksichtigt werden und auch der pädagogische Anspruch eines Teams realisiert wird, ist eine herausfordernde Aufgabe für das gesamte Team und erfordert das Zusammenspiel der Basiskompetenzen Beobachten, Dokumentieren und Planen.

Die Berücksichtigung von *Grundlagen* und grundsätzlichen *Orientierungen*, die sich u.a. auf das Bild vom Kind als aktivem Lerner sowie auf die Rolle der Erzieherin als Gestalterin der Umwelt und als „Vorbild" im weitesten Sinne beziehen, sind Voraussetzung für einen gelungen Planungsprozess. „Denn die Erzieherin ist dafür verantwortlich, welche Auswahl von Erfahrungsmöglichkeiten den Kindern zur Verfügung steht." (Tietze et al., 2007, S. 32) In der Dokumentationshilfe 3 finden sich die zentralen Aspekte der Planungskompetenz.

PLANUNGSKOMPETENZ

Planung …	des pädagogischen Alltags	von Freispielphasen	von Angeboten und Aktivitäten
Wie regelmäßig wird in diesem Bereich geplant?			
Welche Schwerpunkte werden in diesem Bereich geplant?			
Wie wird für diesen Bereich geplant?			
Welche Elemente sind wichtig für das pädagogische Konzept?			

DOKUMENTATIONSHILFE 3

PLANUNGSKOMPETENZ

Planung ...	individueller Förderung	von Partizipation	von Bereitstellung von Materialien
Wie regelmäßig wird in diesem Bereich geplant?			
Welche Schwerpunkte werden in diesem Bereich geplant?			
Wie wird für diesen Bereich geplant?			
Welche Elemente sind wichtig für das pädagogische Konzept?			

DOKUMENTATIONSHILFE 3

PLANUNGSKOMPETENZ

Planung …	der Raumgestaltung	von Elterngesprächen/ Entwicklungsgesprächen	der Gestaltung von Übergangsprozessen
Wie regelmäßig wird in diesem Bereich geplant?			
Welche Schwerpunkte werden in diesem Bereich geplant?			
Wie wird für diesen Bereich geplant?			
Welche Elemente sind wichtig für das pädagogische Konzept?			

DOKUMENTATIONSHILFE 3

PLANUNGSKOMPETENZ

Nach welchem pädagogischen Ansatz arbeitet das Team?	
Werden den Kindern Projekte angeboten und wie sind diese aufbereitet?	
Wie werden die Themen für pädagogische Angebote gefunden?	
Welche Ziele sind mit den pädagogischen Angeboten verbunden?	

DOKUMENTATIONSHILFE 3

2.2.4 Kommunikations- und Interaktionskompetenz

Eine weitere wichtige Kompetenz von Fachkräften ist die Kommunikations- und Interaktionskompetenz. Kommunikation und Interaktion haben eine zentrale Funktion in der kognitiven, emotionalen und sozialen Entwicklung des Kindes und beeinflussen auch die Entwicklung des Bewegungsvermögens. Fachkräfte, die intensiv und gezielt mit den Kindern in Interaktionsprozesse treten, unterstützen sie dabei, sich der Welt zu öffnen und neue Fähigkeiten zu erwerben bzw. bereits vorhandene auszubauen. Indem sie sich an Spielen und am Freispiel der Kinder beteiligen, Gespräche mit ihnen führen, mit ihnen singen, tanzen etc., helfen sie ihnen dabei, Sicherheit im Umgang mit Menschen und Situationen zu erwerben und sich in „ihrer" Welt zu bewegen und zu entdecken (vgl. Kasten, 2008; Becker-Stoll/Textor, 2007; Bostelmann, 2009; Kindergarten heute spezial, 2008).

Im Rahmen der Konzeptentwicklung stehen folgende, in der Dokumantationshilfe 4 aufgeführte Fragen an:

KOMMUNIKATIONS- UND INTERAKTIONSKOMPETENZ

Fachkräfte ...	geben sprachliche Impulse während des Alltags	begleiten ihre Handlungen sprachlich	gehen auf Kinder zu, wenn diese signalisieren, dass sie jemanden zum Spielen oder Reden suchen
Wie regelmäßig ist dies Bestandteil der pädagogischen Praxis?			
Welche Schwerpunkte gibt es in diesem Bereich?			
Wie wird für diesen Bereich geplant?			
Welche Elemente sind wichtig für das pädagogische Konzept?			

DOKUMENTATIONSHILFE 4

KOMMUNIKATIONS- UND INTERAKTIONSKOMPETENZ

Fachkräfte ...	unterhalten sich mit den Kindern über verschiedene Alltagsthemen	befragen die Kinder zu ihrer Meinung	befragen die Kinder zu Erlebtem
Wie regelmäßig ist dies Bestandteil der pädagogischen Praxis?			
Welche Schwerpunkte gibt es in diesem Bereich?			
Wie wird für diesen Bereich geplant?			
Welche Elemente sind wichtig für das pädagogische Konzept?			

DOKUMENTATIONSHILFE 4

KOMMUNIKATIONS- UND INTERAKTIONSKOMPETENZ

Fachkräfte …	erzählen den Kindern von sich	erheben den Sprachstand der Kinder	kennen den Sprachstand der Kinder
Wie regelmäßig ist dies Bestandteil der pädagogischen Praxis?			
Welche Schwerpunkte gibt es in diesem Bereich?			
Wie wird für diesen Bereich geplant?			
Welche Elemente sind wichtig für das pädagogische Konzept?			

DOKUMENTATIONSHILFE 4

2.2.5 Kompetenz zum Aufbau von partizipatorischen Prozessen

Kinder an der Gestaltung von pädagogischen Prozessen und Aktivitäten zu beteiligen, ist für den Aufbau eines positiven Selbstbildes und der Identitätsentwicklung von Kindern ein wichtiges Element. In einem Klima, in dem Kinder wahrnehmen, dass sie ihre Umwelt mitgestalten und in ihrem Umfeld mitentscheiden müssen, lernen sie Verantwortung für sich, für andere und auch für Aufgaben zu übernehmen. Diese frühe Form der demokratischen Kultur muss allerdings von den pädagogischen Fachkräften intendiert und zugelassen werden, ansonsten besteht für die Kinder keine Möglichkeit, diese Fähigkeiten zu erwerben. In verschiedenen Modellen, wie beispielsweise der Projektarbeit, wird der Mitgestaltung und -bestimmung große Bedeutung zugemessen, und zwar in der Form, dass die Kinder in die Auswahl von Themen, Methoden und Ergebnisse einbezogen sind (vgl. Textor, 2002).

Innerhalb einer Konzeption muss beschrieben werden, wie viel Freiheit Kindern an den sie betreffenden Entscheidungs- und Gestaltungsprozessen zugestanden wird. Die Dokumentationshilfe 5 gibt hierfür eine Handreichung.

KOMPETENZ ZUM AUFBAU VON PARTIZIPATORISCHEN PROZESSEN

Kinder sind …	an der Gestaltung des Alltags beteiligt	an der Auswahl von Themen beteiligt	an der Gestaltung der Räume beteiligt	an der Auswahl von Materialien beteiligt
Wie regelmäßig ist dies Bestandteil der pädagogischen Praxis?				
Welche Schwerpunkte gibt es in diesem Bereich?				
Wie wird für diesen Bereich geplant?				
Welche Elemente sind wichtig für das pädagogische Konzept?				

DOKUMENTATIONSHILFE 5

KOMPETENZ ZUM AUFBAU VON PARTIZIPATORISCHEN PROZESSEN

Kinder sind ...	an der Erstellung von Regeln beteiligt	an der Entscheidung über Fixpunkten und Routinen beteiligt	an der Planung von Aktivitäten und Projekten beteiligt
Wie regelmäßig ist dies Bestandteil der pädagogischen Praxis?			
Welche Schwerpunkte gibt es in diesem Bereich?			
Wie wird für diesen Bereich geplant?			
Welche Elemente sind wichtig für das pädagogische Konzept?			

DOKUMENTATIONSHILFE 5

3 Die Grundstruktur des Verfahrens

Damit der gemeinsame Prozess zur Konzeptionsentwicklung einerseits effektiv ist, d.h., dass die zur Verfügung stehenden Ressourcen optimal genutzt werden, und andererseits effizient ist, muss er zielgerichtet und in logisch aufeinander aufbauenden Schritten organisiert sein. Der systematische Zugang zur Konzeptionsentwicklung beachtet diese beiden Grundsätze und definiert für den gesamten Prozess klare Aufgaben und Verantwortlichkeiten.

Der in diesem Leitfaden vorgestellte Prozess ist kumulativ, d.h., dass Teams Schritt für Schritt die Inhalte der pädagogischen Konzeption nach einem systematischen Vorgehen entwickeln. Im Folgenden wird die Grundstruktur des Verfahrens vorgestellt.

3.1 Planung von Ressourcen

Für jeden Entwicklungsprozess ist es notwendig, dass personelle, zeitliche und finanzielle Ressourcen bereitgestellt werden und mit diesen realistisch geplant wird. Andernfalls kann ein Prozess nicht effektiv und effizient gestaltet werden. Aus diesem Grund empfiehlt es sich, dass sich Einrichtungsleitung und -team gemeinsam mit den Trägervertretern im Vorfeld über den Einsatz und die Verfügbarkeit von Ressourcen austauschen. Für die Entwicklung einer pädagogischen Konzeption ist die Planung folgender Ressourcen obligatorisch:

Personelle Ressourcen

Eine Konzeptionsentwicklung ist nur möglich, wenn dafür auch entsprechende personelle Ressourcen zur Verfügung stehen. Für eine größtmögliche Akzeptanz des Verfahrens, die Qualität der Ergebnisse und die Identifikation mit diesen ist die Beteiligung aller pädagogischen Fachkräfte entscheidend. Schließlich spiegelt die pädagogische Konzeption die Pädagogik der Einrichtung wider.

Zeitliche Ressourcen

Die Entwicklung einer Konzeption kostet Zeit. Wenn ein Team das hier beschriebene Modell umsetzen, d.h. sich mit der eigenen Arbeit kritisch auseinandersetzen und eine fachliche Perspektive erarbeiten möchte, ist das mit einigen Teamsitzungen nicht getan. Das hier vorgestellte Entwicklungsmodell verlangt eine kontinuierliche Auseinandersetzung. Konkret bedeutet das, dass sich jede Fachkraft mehrere Stunden im Monat mit der Thematik beschäftigen muss.

Finanzielle Ressourcen

Das vorliegende Modell zur Konzeptionsentwicklung verursacht wenig finanzielle Kosten. In erster Linie werden Moderations- und Präsentationsmaterialien benötigt. Darüber hinaus fallen Kosten für die Vervielfältigung der Konzeption, für Fachliteratur und für einen möglicherweise entstandenen Weiterbildungsbedarf der Fachkräfte an.

3.2 Dynamisches Entwicklungsmodell

Der Entwicklungsprozess unterliegt einer Dynamik und verläuft in drei Phasen: Orientierungsphase, Entwicklungsphase und Reflexionsphase. Er beginnt mit der Ist-Analyse, also dem aktuellem Zustand der Einrichtung, führt weiter über die Entwicklung einzelner Bausteine bis hin zu einem fertigen Produkt, der pädagogischen Konzeption, und schließt ab mit der Reflexion des Ergebnisse und des Prozesses.

3.2.1 Die Orientierungsphase

Zunächst verschaffen sich die Fachkräfte einen Überblick über den „Stand der Dinge" zum Thema Konzeption in ihrer Einrichtung. In dieser Phase werden vom Team folgende Aspekte bearbeitet:

- **Sich über die eigene Arbeit austauschen:** Eine erste Aufgabe für die Fachkräfte besteht darin, sich mit den Teamkolleginnen über die vorhandene und zu entwickelnde Konzeption auszutauschen.
- **Bestandsaufnahme durchführen:** Hierbei geht es um den Ist-Zustand der pädagogischen Konzeption in der Einrichtung, also um eine einleitende Analyse der bereits existierenden bzw. noch zu entwickelnden Konzeption.
- **Perspektiven entwickeln:** Das Team entwickelt gemeinsam Perspektiven hinsichtlich des gewählten Themas.
- **Wissen generieren:** Um die fachliche Angemessenheit der pädagogischen Konzeption zu garantieren, ist es notwendig, sich gezielt neues Wissen anzueignen.
- **Wissen transferieren:** Das neu gewonnene Wissen muss in einem weiteren Schritt wieder in die Erarbeitung der pädagogischen Konzeption transferiert werden.
- **Aufträge formulieren:** Am Ende der Orientierungsphase muss als Ergebnis ein eindeutiger Arbeitsauftrag stehen, dem sich die Mitglieder des Teams verpflichtet fühlen. Aus diesem Auftrag heraus ergibt sich dann der Arbeitsprozess der Entwicklungsphase.
- **Familien informieren:** Die Einbeziehung der Familien ist bei der Entwicklung eines Konzeptes ein wichtiges Element. Wie weit das reichen kann, muss in der Einrichtung selbst definiert werden. In jedem Fall ist es notwendig, dass Familien über den Prozess in einer Informationsveranstaltung in Kenntnis gesetzt werden.

Das Ergebnis der Orientierungsphase ist die Basis für den weiteren Entwicklungsprozess. Aber nicht nur die daraus resultierenden Arbeitsaufträge, sondern auch die individuellen und gemeinschaftlichen Auseinandersetzungen über eigene Vorstellungen bestimmen den Prozess mit. Dadurch werden sowohl die eigenen als auch die Standpunkte der anderen klarer und Missverständnisse vermieden. Aus der Analyse des Ist-Zustandes leiten sich die Fragestellungen ab, die im weiteren Prozess beantwortet werden müssen.

3.2.2 Die Entwicklungsphase

In der Entwicklungsphase liegt der Schwerpunkt in der Erarbeitung einzelner Bausteine der pädagogischen Konzeption, so dass am Ende dieses Prozesses die pädagogische Konzeption fertiggestellt ist.

- **Entwicklung der fachlichen Positionierung:** In der Orientierungsphase hat sich das Team mit dem Thema auseinandergesetzt und eine eigene Position entwickelt, aus der der Entwicklungsauftrag für diese Phase abgeleitet wurde. Nun werden in einem ersten Schritt die Schnittmengen und Leerstellen zwischen Team und Fachwissenschaft analysiert und definiert.

- **Entwicklung der eigenen Position:** Anforderungen, die die Fachwissenschaft stellt, aber noch nicht zum Handlungsrepertoire der Einrichtung gehören, werden diskutiert. Dadurch lassen sich Bedarfe erkennen, die für andere Entwicklungsprozesse, wie beispielsweise Qualitätsentwicklungsprozesse, dokumentiert werden müssen.
- **Fokussierende Diskussion:** Im Anschluss daran wird die eigene Position im Team fixiert. Ziel ist es, dass es einen von allen Fachkräften erzielten Konsens über die fachliche Gestaltung des diskutierten Themas gibt. Dieser Konsens liegt in einer schriftlichen Fassung vor.
- **Erstellung des Produktes:** Nun liegen die verschiedenen Bausteine des Produktes vor. In der Regel findet eine schriftliche Fixierung durch eine Kleingruppe oder einer Kollegin statt.
- **Verabschiedung der Konzeption:** Wenn die schriftliche Konzeption vorliegt, wird diese vom Team und nach Möglichkeit mit Beteiligung eines Träger- und eines Elternvertreters verabschiedet. Die schriftliche Niederlegung der Konzeption schafft für Fachkräfte, Leitung, Träger und Familien Sicherheit über die Qualität der Arbeit. Qualität ist somit nicht nur eine Absichtserklärung, sondern sie wird durch die konzeptionelle Aufarbeitung transparent und nachvollziehbar.
- **Formulierung von Standards:** In diesem Schritt werden, resultierend aus der Erarbeitung der Konzeption, die Standards entwickelt, die in erster Linie zur Außendarstellung der Einrichtung benötigt werden, aber auch wichtige Hinweise für die Qualität der Einrichtung geben. Durch die Standards können sich Familien auf Ziele, Inhalte und Arbeitsweisen in der Einrichtung verlassen und ihr Kind mit gutem Gewissen dieser Einrichtung anvertrauen.
- **Kommunikation der Ergebnisse:** Nach Fertigstellung der Standards werden diese in einer geeigneten Form den beteiligten Gruppen zur Verfügung gestellt. Hiermit positioniert sich sowohl die Einrichtung als auch der Träger mit seinem pädagogischen Profil in der Öffentlichkeit.

3.2.3 Die Reflexionsphase

In der Reflexionsphase stehen die Reflexion des Prozesses sowie die weitere Arbeit am Konzept im Vordergrund.

- **Prozess- und Ergebnissicherung:** Zum Abschluss des Entwicklungsprozesses steht die Sicherung des Prozesses in Form von Reflexionen und der Formulierung von Weiterbearbeitungsaufträgen. Im Rahmen der Ergebnissicherung stellen Fachkräfte sicher, dass die angebotene Bildung und Betreuung der Kinder in einem systematischen und kontinuierlichen Prozess fachlich gesichert, durchgeführt und überprüft wird.

3.3 Schrittweises Vorgehen

Die Entwicklung der pädagogischen Konzeption erfolgt Schritt für Schritt und kumulativ. Der Entwicklungsprozess ist nicht nur dynamisch, sondern auch zyklisch. Damit ist gemeint, dass die Ergebnisse während des Verfahrens immer wieder gesichert und überprüft werden, was im Endeffekt eine Qualitätsprüfung bedeutet. Ergebnisse können somit immer wieder vom Team aufgegriffen und optimiert werden. Sie haben auch in ihrem jeweiligen Entwicklungsstand eine Verbindlichkeit für die pädagogischen Fachkräfte. Das bedeutet, dass Erreichtes immer wieder auf dem Prüfstein steht, nicht aber zwangsläufig bei jeder Überprüfung auch eine Veränderung stattfinden muss.

Aus dem eigenen Prozess zu lernen, Zugehensweisen, Methoden aber auch Produkte einer ständigen Qualitätsprüfung zu unterziehen und gegebenenfalls Veränderungen vorzunehmen, sind wichtige Funktionen im gemeinschaftlichen Prozess. Auch die Prüfung auf Praxistauglichkeit ist ein zentrales Element. Im Kontext der Konzeptionsentwicklung bedeutet dies, dass die entwickelte Konzeption dem pädagogischen Handeln entsprechen muss und dass dort nicht lediglich Absichten und Vorstellungen niedergeschrieben worden sind.

Die Aufgaben in den einzelnen Phasen sind jeweils in Schritten beschrieben. Die Anzahl der Schritte innerhalb einer Phase ist unterschiedlich und hängt vom jeweils definierten Arbeitsauftrag ab. Zum besseren Verständnis und zur Vereinfachung der Vorbereitung durch die Moderatorin ist jeder Schritt nach dem folgenden Modell gegliedert.

- **Ziele:** Um für die Teilnehmer eine gute Orientierung im Prozess zu gewährleisten, sind klare Zielformulierungen wichtig. Dadurch wird deutlich, warum etwas getan wird, und darüber hinaus steigt erfahrungsgemäß die Bereitschaft, sich auf einen solchen Prozess einzulassen.
- **Methode:** Um definierte Ziele zu erreichen, muss sich ein Team über einen methodischen Zugang verständigen. Dabei gilt zu beachten, dass die ausgewählte Methode immer auch zum Team passen muss.
- **Teilnehmer:** Für die Planung des Entwicklungsprozesses ist es sowohl für die Moderatorin als auch für das Team wichtig, sich darüber klar zu werden, wer an welchem Schritt beteiligt ist.
- **Dauer:** Es sollte festgehalten werden, wie viel Zeit ein zu bearbeitender Schritt erfordert.
- **Vorbereitung:** Für die Moderatorin ist es darüber hinaus zusätzlich wichtig zu wissen, welche Vorbereitung für die jeweilige Teamsitzung nötig ist, damit sie ihre Vorbereitungszeiten und somit auch die Teamsitzung adäquat planen kann.
- **Durchführung:** Um der Moderatorin und den Teams in ihrem Entwicklungsprozess eine möglichst praxisnahe Unterstützung zukommen zu lassen, gibt es für jeden einzelnen Schritt eine Durchführungsbeschreibung mit methodischen Hinweisen. Natürlich haben Teams jederzeit die Möglichkeit, eigene Wege zu gehen und das methodische Vorgehen ihren Bedingungen anzupassen. Es sollte aber darauf verzichtet werden, die in diesem Buch formulierten Ziele zu überspringen. Ansonsten besteht die Gefahr, dass wichtige Erfahrungen und Vorarbeiten fehlen und den Bearbeitungsprozess an anderer Stelle schwieriger machen bzw. in die Länge ziehen. Die Durchführungsanleitungen werden durch unterstützende Materialien für das Team in Form von Dokumentationshilfen ergänzt.

3.4 Arbeiten mit Zielvereinbarungen

Zielvereinbarungen helfen dabei, Klarheit über die zu erreichenden Ziele zu bekommen und den Weg dorthin festzulegen. In einer Zielvereinbarung wird festgehalten,

- welches Ziel erreicht werden soll
- wer an der Zielerreichung mit welchen Aufgaben beteiligt ist
- welche Schritte notwendig sind, um das Ziel zu erreichen
- welche Ressourcen zur Zielerreichung notwendig sind
- wie die zeitliche Planung gestaltet ist
- wer für welche Prozesse verantwortlich ist
- welche anderen Personen oder Gruppen zur Unterstützung beteiligt werden sollen.

Die Zielvereinbarung wird vor Beginn des eigentlichen Prozesses vom Team besprochen und erstellt. Es empfiehlt sich, zunächst einen Entwurf zu formulieren, diesen einige Tage „ruhen“ zu lassen und ihn dann in der nächsten Teambesprechung noch einmal zu begutachten. Oftmals fallen dann den Fachkräften Aspekte auf, die noch nicht optimal formuliert sind bzw. noch gar nicht in die Zielformulierung eingeflossen sind.

3.4.1 Die Smart-Formel

Bei der Formulierung von Zielen ist die SMART-Formel hilfreich. Anhand von fünf Kriterien kann geprüft werden, ob alle wesentlichen Merkmale eines Zieles erfüllt sind.

SMART steht für:

- **S – Spezifisch:** Enthält das Ziel genügend Detailinformation, damit für andere nachvollziehbar ist, was genau damit gemeint ist?
- **M – Messbar:** Ist das Ziel überprüfbar? Ist feststellbar, ob das Ziel erreicht worden ist bzw. kann man prognostizieren, ob es erreichbar ist?
- **A – Akzeptabel:** Können sich die Fachkräfte mit den Inhalten des Ziels identifizieren?
- **R – Realistisch:** Ist das Ziel mit den zur Verfügung stehenden Ressourcen (Finanzen, Personal, Zeit, Arbeitsbelastung) zu erreichen oder ist es eher ein Wunschziel, das zur Zeit nicht umsetzbar ist? Ist das Ziel aus eigener Kraft erreichbar?
- **T – Terminiert:** Ist die Erreichung des Ziels zeitlich fixiert? Gibt es einen genauen Termin, bis zu dem das Ziel erreicht sein muss? (Groot-Wilken, 2008, S. 109 ff.)

Mit Hilfe dieser fünf Kriterien lässt sich ein Ziel auf seine Verwendbarkeit und Brauchbarkeit überprüfen. Nur wenn alle fünf Kriterien positiv beantwortet worden sind, sollte das formulierte Ziel übernommen werden. Ist dies nicht der Fall, ist es ratsam, das Ziel noch mal zu überprüfen und gegebenenfalls zu überarbeiten. Die Überprüfung findet am besten durch ein bis zwei Kolleginnen statt, die dem Team ihr Ergebnis rückmelden.

Die Dokumentationshilfe 6 zur Zielvereinbarung kann für diesen Prozess genutzt werden.

ZIELVEREINBARUNG

Benennen Sie das Ziel und prüfen Sie es mit der SMART-Formel?

☐ Spezifisch
☐ Messbar
☐ Akzeptabel
☐ Realistisch

Wann soll das Ziel in der Praxis umgesetzt sein?

Datum: ☐ Terminiert

Benennen Sie gegebenenfalls Teilziele dieses Ziels! Prüfen Sie diese bitte anhand der SMART-Formel.

1. Teilziel	Datum:	☐ S ☐ M ☐ A ☐ R ☐ T
2. Teilziel	Datum:	☐ S ☐ M ☐ A ☐ R ☐ T
3. Teilziel	Datum:	☐ S ☐ M ☐ A ☐ R ☐ T

Beschreiben Sie kurz Ihre Umsetzungsstrategie!

DOKUMENTATIONSHILFE 6

ZIELVEREINBARUNG

Welche Ressourcen werden für die Erreichung des Ziels benötigt?

Benötigte Ressource	Sichergestellt durch

Bitte benennen Sie die beteiligten Personen und legen Sie eine Person fest, die für die Einhaltung dieser Zielentwicklung verantwortlich ist.

	Aus dem Team	Weitere beteiligte Personen
Namen		
Verantwortung		

Diese Zielentwicklung ist gültig für folgende Gruppen in der Einrichtung:

Gibt es bereits einen Standard in der Einrichtung, auf den sich das Ziel bezieht?

Unterschriften

DOKUMENTATIONSHILFE 6

3.4.2 Zielarten

Bei der Formulierung von Zielen werden drei Zielarten unterschieden: die Erhaltensziele, die Veränderungsziele und die persönlichen Ziele. Alle drei Zielarten können mit einer Zielvereinbarung erfasst werden und mit der SMART-Formel geprüft werden.

Erhaltensziele

Kein Team beginnt einen Entwicklungsprozess bei „Null". In jeder Einrichtung gibt es immer schon eine vorhandene Qualität, die optimiert werden soll. Es wäre sehr ineffizient, die vielen gute Aspekte und Ansätze nicht in die Entwicklung einzuschließen und mit allem neu zu beginnen. Deshalb müssen die bereits vorhandenen positiven Elemente aufgespürt und gesichert werden. Da diese ja bereits zur pädagogischen Praxis der Einrichtung gehören, können sie in einem Erhaltensziel formuliert werden. Erhaltensziele dienen im weitesten Sinne der Qualitätssicherung. Sie zeigen auf, was in der Einrichtung durch das Team bereits erreicht und umgesetzt wurde.

Veränderungsziele

In Veränderungszielen werden die Ziele beschrieben, die erreicht werden sollen. Hier geht es um die Entwicklung einer neuen pädagogischen Qualität oder anders formuliert: um die Optimierung des Systems Tageseinrichtung. Veränderungsziele geben Teams darüber hinaus Orientierung für die nächsten Arbeitsschritte (Einsatz von Methoden) und Aufgaben (inhaltliche Bewältigung eines Themas). Sie schaffen für alle Beteiligten Transparenz, Klarheit und Verbindlichkeit und dienen der Qualitätsentwicklung.

Persönliche Ziele

Ein inhaltlicher Entwicklungsprozess findet immer sowohl auf der Ebene der Organisations- als auch der Personalentwicklung statt. Um diese beiden Prozesse optimal zu unterstützen, ist es hilfreich, neben Zielen auf Einrichtungsebene auch individuelle oder persönliche Ziele mit den einzelnen Kolleginnen zu vereinbaren.

Dazu gibt es zwei Möglichkeiten:

- Die Fachkräfte reflektieren ihre eigenen Kompetenzen und formulieren davon ausgehend Ziele, die sie im laufenden Prozess erreichen möchten.
- Eine andere Möglichkeit sind von der Leiterin geführte Personalentwicklungsgespräche, in denen gemeinsam Perspektiven der persönlichen Entwicklung der Fachkraft diskutieren werden und in einer Zielvereinbarung fixiert werden.

Die Formulierung von persönlichen Zielen ermöglicht den Fachkräften, ihre professionellen Handlungskompetenzen ganz individuell zu erweitern.

3.5 Prozessdokumentation

Die Dokumentation, meist in Form eines Protokolls, schafft Verbindlichkeit und Transparenz für alle Beteiligten und klärt das weitere Vorgehen. Sie hilft aber auch dabei, einen komplexen Prozess zu rekonstruieren und in der Reflexion darauf zurückgreifen zu können.

Eine weitere Funktion liegt darin, gegenüber dem Träger und den Familien Transparenz zu schaffen und ihnen einen umfassenden Einblick in die pädagogische und strukturelle Arbeit der Einrichtung zu ermöglichen. Die Form der Dokumentation wählt das Team entsprechend seinen Arbeitsweisen aus.

Zur Prozessdokumentation gehört die Dokumentation

- des Verlaufs von Teamsitzungen
- von Absprachen im Team
- von Zielen
- von gestellten Aufgaben
- von Verantwortlichkeiten sowie
- der Terminierung.

3.6 Moderation

Grundlegend für das hier vorgestellte Konzeptionsentwicklungsmodell ist, dass eine Fachkraft die Aufgaben der Moderation und somit die Verantwortung für den Prozess übernimmt. Dieser Person kommt eine Schlüsselrolle zu. Sie übernimmt die Verantwortung für den Prozess und gewährleistet die fachliche Angemessenheit. Die Verantwortung bezieht sich im Einzelnen auf

- die Planung des Verfahrens
- die Vorbereitung von einzelnen Entwicklungsschritten
- die Durchführung der einzelnen Entwicklungsschritte
- die Dokumentation des Verfahrens
- das Controlling
- die Sicherung der Ergebnisse
- die Motivation und
- die Benennung von Qualifizierungsbedarfen.

Mit der Sicherstellung der fachlichen Angemessenheit ist vor allem die Orientierung an wissenschaftlichen Erkenntnissen aus der Fachdisziplin gemeint. Im Einzelnen sind damit folgende Aufgaben verbunden:

- Begleiten der fachlichen Diskussionen
- Durchführung bzw. Organisation von Literaturrecherchen
- Vorstellen von Fachliteratur bzw. Organisation der Vorstellung von Fachliteratur
- Sicherstellung der fachlichen Angemessenheit im Team
- Auswahl der Inhalte bzw. Organisation der Auswahl
- Verknüpfung von pädagogischem Handeln und fachlichen Aspekten bzw. Delegation und Begleiten dieser Verknüpfung
- schriftliche Fixierung der Konzeptionselemente bzw. Organisation der schriftliche Fixierung.

Die Aufgabe der Moderation wird in der Regel von der Einrichtungsleitung, kann aber auch von anderen Mitarbeiterinnen wahrgenommen werden. Bei der Auswahl der Person sollte allerdings darauf geachtet werden, dass diese über Moderationserfahrungen und über die notwendigen Kompetenzen verfügt. Für die Leiterin als Moderatorin sprechen folgende Gründe:

Leiterinnen haben

- Kenntnisse in Moderation und Controlling
- ein Zeitkontingent zur Planung von organisatorischen Abläufen und Aufgaben sowie zur Vorbereitung von Teamsitzungen und -prozessen
- Erfahrungen in Bezug auf Teamführung und Vorbereitung von Teamsitzungen
- Personalverantwortung und führen Personalentwicklungsgespräche
- einen Einblick in das gesamte Team und die Stärken und Schwächen einzelner Mitarbeiterinnen
- Kompetenzen zur Darstellung der Einrichtung in der Öffentlichkeit und rechtfertigen die pädagogische Arbeit gegenüber dem Träger
- Erfahrungen in anderen Entwicklungsprozessen, wie beispielsweise Qualitätsentwicklung.

Natürlich hat jede Moderatorin ihre persönliche Handschrift und gestaltet den Prozess individuell. Einige Moderatorinnen arbeiten teamorientiert, das heißt, dass sie die Aufgaben im Team besprechen und delegieren. Andere werden die Verantwortung für den Entwicklungsprozess selbst übernehmen und stärker steuern und vorgeben als andere. Dabei gibt es nicht *den* richtigen Weg, vielmehr geht es darum, einen Weg zu finden, der sowohl der Persönlichkeit der Moderatorin wie auch dem Charakter des Teams entspricht. Das Team sollte sich allerdings vor Beginn des Prozesses auf Prinzipien verständigen, die im weiteren Verlauf für alle verbindlich sind. Folgende Aspekte können dabei handlungsleitend sein:

- Teamabsprachen werden eingehalten. Insbesondere gilt dies für Absprachen im Vorgehen, Zeitabsprachen, aber auch für gemeinsam erarbeitete Ziele. Wenn es Probleme mit einer Absprache gibt, sollte dies wiederum im Team geklärt werden und zu einer neuen verbindlichen Absprache führen.
- Das Team orientiert seine Arbeit an den formulierten Zielen und angestrebten Ergebnissen. Die Moderatorin hat hierbei die Aufgabe darauf zu achten, dass die Kolleginnen in Diskussionen beim Thema bleiben, die vorgegebene Zeit für die gestellte Aufgabe nutzen und zugesagte Arbeitsgrundlagen der Kleingruppen einzelnen Kolleginnen oder auch der Moderatorin wie abgesprochen vorliegen, um zielgerichtet am Prozess zu bleiben.
- Die Moderatorin und die pädagogischen Fachkräfte akzeptieren die eigene Rolle und die der anderen. Der Entwicklungsprozess kann nur dann erfolgreich sein, wenn sich alle Beteiligten in ihren Rollen anerkennen und wertschätzen. Dazu gehört auch, dass das Verfahren von allen getragen wird.
- Das Team einigt sich darauf, dass sich die Ergebnisse und Zielperspektiven an der fachlichen Diskussion orientieren. Bei der Entwicklung der eigenen Konzeption ist es deshalb wichtig, die eigene Arbeit auch immer wieder auf deren fachlichen Gehalt zu prüfen und gegebenenfalls den Wissenstand zu erweitern und zu aktualisieren.

Zusammenfassend lässt sich festhalten: Der Entwicklungsprozess braucht eine Moderatorin, die den Ablauf des Prozesses vorstrukturiert und darauf achtet, dass die Inhalte und Ergebnisse fachlich abgesichert sind. Ihr kommt somit eine große Verantwortung für das Gelingen des Prozesses zu. Durch Teamabsprachen ermöglicht sich ein Team einen zielorientierten Ablauf und die Schaffung eines positiven Arbeitsklimas.

4 Konzeption und Standards Schritt für Schritt entwickeln

Im Folgenden wird ein Modell vorgestellt, das Teams unterstützt, Schritt für Schritt eine pädagogische Konzeption zu entwickeln. Das Modell orientiert sich an einer Einrichtung, in der Zeitressourcen in einem normalen Umfang für Teambesprechungen und Entwicklung zur Verfügung stehen. Das bedeutet, dass der hier vorgestellte Zeitrahmen immer nur als Orientierung für den individuellen Prozess in einer Einrichtung dienen kann. Wieviel Zeit in welcher Kontinuität jedem Team zur Verfügung steht, ist in der Praxis sehr unterschiedlich. In jedem Fall müssen sowohl die Frage des Arbeitstempos wie auch die der Zeitperspektive vorab definiert werden. Nur bei einer realistischen Einschätzung kann gewährleistet werden, dass sich die Kolleginnen mit diesem Prozess identifizieren und die Motivation recht lange erhalten bleibt. Der Entwicklungsprozess ist komplex und vergleichsweise zeitintensiv. Je nachdem, wieviel Zeit ein Team neben den normalen Arbeitsabläufen investieren kann, müssen sicherlich 18–24 Monate für den gesamten Entwicklungsprozess als Ausgangsbasis einberechnet werden.

4.1 Teamabsprachen vor Beginn des Projektes

Damit der Prozess in den Teams beginnen kann, ist es notwendig, einige Absprachen im Team zu tätigen. Denn nur wenn alle Beteiligten von Anfang an wissen, welche Ziele sie mit diesem Projekt verfolgen, welche Aufgaben auf sie und die Kolleginnen zukommen und unter welchen Voraussetzungen sie sich in den Prozess begeben, wird der Prozess der Prozess des Teams werden. Deshalb sollten vorab folgende Fragen geklärt werden (siehe Dokumentationshilfe 7):

TEAMABSPRACHEN

Welche Ressourcen werden für den Entwicklungsprozess benötigt?

Welche weiteren Personen nehmen am Entwicklungsprozess teil?

Welche Teamzeiten werden für den Entwicklungsprozess genutzt?
Wie häufig trifft sich das Team, um an diesem Entwicklungsprozess zu arbeiten?

Wer übernimmt die Moderation des Entwicklungsprozesses?

Wer dokumentiert die Ergebnisse und Entscheidungen des Teams im Sinne einer ergebnisorientierten Protokollführung?

DOKUMENTATIONSHILFE 7

TEAMABSPRACHEN

Wer schreibt die Bausteine des Konzeptes?

Finden Personalgespräche statt? Wann finden sie statt?
Mit wem finden sie statt?

Wann werden die Trägervertreter in den Prozess einbezogen?
Welche Rolle haben sie?

Gibt es eine Zielvereinbarung? (Zielvereinbarungsformular vgl. Kap. 3.4.1, Dokumentationshilfe 6)

Wann beginnt der Entwicklungsprozess und wann soll er enden?

DOKUMENTATIONSHILFE 7

4.2 Konzeptionsentwicklung und Qualitätsentwicklung

Zwischen der Konzeptionsentwicklung und der Qualitätsentwicklung gibt es einen gravierenden Unterschied. In der Konzeptionsentwicklung wird die pädagogische Praxis einer Einrichtung ausführlich beschrieben, so dass die pädagogischen Prozesse und Aktivitäten und ihre Zielausrichtung für Außenstehende nachvollziehbar sind. In der Qualitätsentwicklung werden die pädagogischen Prozesse und Aktivitäten der Einrichtung systematisch entwickelt (vgl. Tietze et al., 2004; Preissing et al., 2003; Strätz et al., 2003). Anders ausgedrückt bedeutet dies, dass in der Konzeptionsentwicklung, anders als in der Qualitätsentwicklung, nicht die pädagogische Qualität durch Entwicklungsaufgaben optimiert wird, sondern die vorhandene Qualität in einem Erarbeitungsprozess systematisch schriftlich fixiert wird.

Die aus der Konzeptionsentwicklung entstehenden Hinweise zur Verbesserung der pädagogischen Qualität werden dokumentiert und können zu einem späteren Zeitpunkt genutzt werden. Dazu wird eine „To-Do-Liste“ (siehe Dokumationshilfe 8) angelegt. In ihr werden alle kleineren, schnell zu bearbeitenden Entwicklungsaufgaben ebenso notiert wie die umfassenden, lang andauernden Arbeiten. Diese Liste wird in der Entwicklungsphase bei der Bearbeitung jedes pädagogischen Bereiches und Leitgesichtspunktes geführt und ausgefüllt.

TO-DO-LISTE

In welchem Themenbereich oder in welchem Leitgesichtspunkt wurde der Entwicklungsbedarf festgestellt?

Um welche Inhalte, Prozesse bzw. Handlungen geht es?

Gibt es bereits eine Planung, wie und wann das Thema bearbeitet werden soll?
Wie sieht sie aus bzw. wann soll dieses Thema angegangen werden?

Gibt es bereits eine Teammeinung bzw. einen Teambeschluss zu diesem Thema? Wenn ja, welchen?

Gibt es bereits Personen, die für die Bearbeitung verantwortlich sind? Wer sind die Personen?

Datum und Unterschriften des Teams

DOKUMENTATIONSHILFE 8

4.3 Die Orientierungsphase

Für alle Phasen und auch für alle Schritte gilt, dass die Moderatorin zu Beginn eines Schrittes immer die zu erreichenden Ziele und die Tagesordnung benennt, damit alle Kolleginnen über beides informiert sind. Ebenso wird vor jeder Teamsitzung (außer in Schritt eins) das Motivations-Zufriedenheits-Kooradinatenkreuz bearbeitet (mehr dazu unter Schritt zwei).

Die Orientierungsphase gliedert sich in drei Schritte, die im Folgenden ausführlich beschrieben werden.

4.3.1 Erster Schritt: Einführung in die Konzeptionsentwicklung

Ziele

- Alle Fachkräfte kennen, so vorhanden, die bisherige pädagogische Konzeption der Einrichtung.
- Alle Fachkräfte kennen die Funktion einer pädagogischen Konzeption.
- Alle Fachkräfte kennen das Modell zur Konzeptionsentwicklung.
- Allen Fachkräften sind ihre Aufgaben im Prozess bekannt.
- Es gibt Terminabsprachen.

Methode

Referat in Teamsitzung

Teilnehmer

Fachkräfte, Elternvertreter und Trägervertreter

Dauer

Ca. 90 Minuten

Vorbereitung

Wenn bereits eine pädagogische Konzeption in der Einrichtung vorhanden ist, bereitet die Moderatorin eine kurze Vorstellung dieser Konzeption vor.

Für die Durchführung werden Moderationskarten in drei unterschiedlichen Farben vorbereitet, ebenso drei Flipchartblätter, die folgendermaßen betitelt sind:

- Welche Chancen sehen Sie im Konzeptionsentwicklungsprozess?
- Welche Bedenken haben Sie?
- In welchen Bereichen haben Sie die größten Interessen?

Die Fachkräfte bereiten sich auf diese erste Sitzung vor, indem sie die vorhandene Konzeption lesen.

Durchführung

Zunächst stellt die Moderatorin z. B. anhand der Gliederung oder der einzelnen Schwerpunkte die pädagogische Konzeption der Einrichtung in groben Zügen vor.

Im weiteren Verlauf erläutert sie das generelle Ziel des Konzeptionsentwicklungsprozesses. Sie beschreibt, was an der vorhandenen Konzeption möglicherweise nicht mehr aktuell ist, welche Aspekte der pädagogischen Arbeit zurzeit noch gar nicht vorkommen und was an ihr verändert werden soll.

Wenn keine pädagogische Konzeption vorhanden ist, begründet sie, warum es nötig ist, eine zu entwickeln.

Im nächsten Schritt erörtert die Moderatorin die Bedeutung einer Konzeption, welche Funktionen sie erfüllen sollte und für welche Personengruppen welche Informationen vorhanden sein sollten.

Nach dieser Einführung stellt die Moderatorin das methodische Vorgehen im Entwicklungsprozess sowie die Aufgaben des Teams vor.

An die Vorstellung des Projektes schließt sich eine kurze Diskussion mit den Teilnehmern dieser Teamsitzung. Die Diskussion wird durch drei zentrale Fragen strukturiert, die auf dem Flipchart notiert werden:

- Welche Chancen sehen Sie im Entwicklungsprozess?
- Welche Bedenken haben Sie?
- In welchen Bereichen haben Sie die größten Interessen?

Die Flipcharts mit den Fragen werden aufgehängt. Für die Diskussion werden Moderationskarten in drei verschiedenen Farben ausgeteilt. Je eine Farbe wird einer Fragestellung zugewiesen und die Teilnehmer sollen zu jeder Frage mindestens eine Antwort geben.

Nachdem alle Teilnehmer ihre Antworten abgegeben haben, werden diese unter den Überschriften gesammelt und nach Themen sortiert. Die Moderatorin fasst die Antworten für alle kurz zusammen und die Ergebnisse werden für die nächste Sitzung dokumentiert.

Die Moderatorin gibt einen Überblick über die Zeitplanung und teilt den nächsten Termin mit.

In der abschließenden Feedbackrunde geht es unter der Fragestellung: „Fühle ich mich gut auf den Prozess vorbereitet?" um die aktuelle Stimmung.

4.3.2 Zweiter Schritt: Initiierung des Prozesses

Ziele

- Das Team weiß, was den Entwicklungsprozess fördert und was ihn hemmt.
- Jede Fachkraft hat sich mit der eigenen Einstellung zum Entwicklungsprozess auseinandergesetzt.

Methode

Teamsitzung und Einzelarbeit

Teilnehmer

Fachkräfte

Dauer

Teamsitzung ca. 120 Minuten; Einzelarbeit ca. 90 Minuten

Vorbereitung

Für die Teamsitzung setzt sich die Moderatorin noch einmal mit den Antworten zu den drei Fragenkomplexen aus der letzten Teamsitzung auseinander und sortiert die identifizierten Themenschwerpunkte nach Überschriften.

Zusätzlich bereitet Sie eine Flipchartseite vor, auf der ein Koordinatenkreuz aufgezeichnet ist. Die vertikale Achse ist die Motivationsachse von +10 bis –10, die horizontale Achse ist die Zufriedenheitsachse ebenfalls von +10 bis -10.

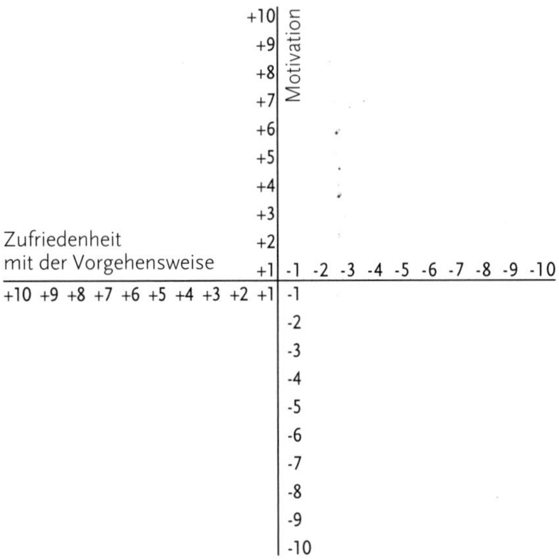

Jede Fachkraft bekommt einen Selbstklebepunkt, am besten jeweils in unterschiedlichen Farben, ansonsten kann man sich auch mit einer Nummerierung behelfen. Wichtig ist, dass die Moderatorin weiß, von welcher Fachkraft welcher Punkt stammt.

Die Fachkräfte lesen zur Vorbereitung auf die Sitzung, so vorhanden, die bisherige Konzeption nochmals genau durch.

Außerdem bearbeiten sie die Checkliste „Persönliche Einstellung zum Entwicklungsprozess" (siehe Dokumentationshilfe 9). Diese wird nicht im Team besprochen, sondern dient der Selbstreflexion der einzelnen Fachkraft und soll sie auf den Prozess der Entwicklung vorbereiten.

PERSÖNLICHE EINSTELLUNG ZUM ENTWICKLUNGSPROZESS

1. Wie zufrieden sind Sie insgesamt mit der bisherigen pädagogischen Konzeption der Einrichtung?

☐ nicht zufrieden ☐ eher nicht zufrieden ☐ eher zufrieden ☐ zufrieden

2. Welche Bereiche der pädagogischen Konzeption halten Sie für angemessen?

3. Welche Bereiche der pädagogischen Konzeption halten Sie für entwicklungsbedürftig?

4. Welche Inhalte fehlen Ihrer Meinung nach in der pädagogischen Konzeption?

5. Wie schätzen sind Sie insgesamt das methodische Vorgehen ein, das in der ersten Teamsitzung vorgestellt wurde?

☐ nicht praktikabel ☐ eher nicht praktikabel ☐ eher praktikabel ☐ praktikabel

6. Welche Elemente des Prozesses sind für Sie besonders hilfreich?

7. Bei welchen Elementen des Prozesses sehen Sie Probleme?

8. Wie können Sie sich in das Modell einbringen?

9. Welche Entwicklung sehen Sie für Ihre Einrichtung, wenn Sie eine neue pädagogische Konzeption erarbeitet haben bzw. die alte pädagogische Konzeption überarbeitet haben?

DOKUMENTATIONSHILFE 9

Durchführung

Bevor die Moderatorin mit dem thematischen Einstieg beginnt, stellt sie den Kolleginnen das vorbereitete Koordinatenkreuz vor. Jede Fachkraft hat nun die Aufgabe, sich auf diesem Koordinatenkreuz zu verorten. Dabei soll sie zum einen ihre Motivation in Bezug auf den Prozess und zum anderen ihre Zufriedenheit hinsichtlich der Vorgehensweise einschätzen. Je größer der Wert auf der Motivationsachse, desto höher ist die Motivation, je niedriger der Wert ist, desto niedriger die Motivation. Je höher der Wert auf der Zufriedenheitsachse, desto zufriedener ist die Fachkraft mit der vorgestellten Vorgehensweise zum Prozess, und je niedriger, desto unzufriedener ist sie. Dieser Vorgang wird zu Beginn jeder Teamsitzung erneut durchgeführt, wobei jeweils ein neues Koordinatenkreuz benutzt wird.

Nachdem alle Fachkräfte das Vorgehen verstanden haben, kleben sie einen Punkt an genau die Stelle, auf dem sich ihre Motivation und Zufriedenheit treffen.

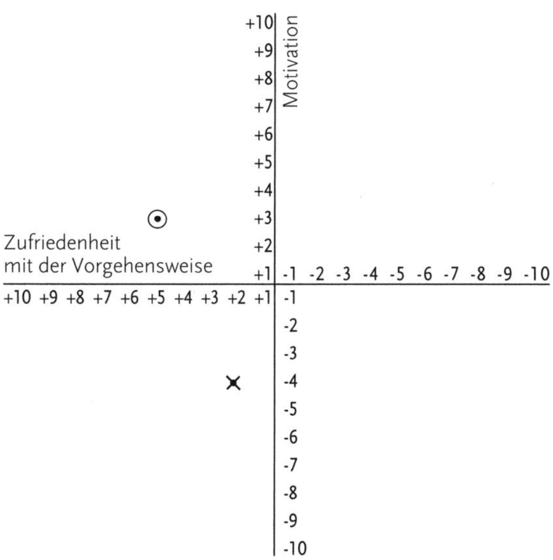

Der umkreiste Punkt zeigt eine Fachkraft, die mit der Vorgehensweise zufrieden ist (+5) und dem Prozess im Wesentlichen zustimmt (+3). Der angekreuzte Punkt verweist auf eine Fachkraft, die weniger zufrieden ist (+2) und dem Prozess eher skeptisch gegenüber steht (-4). Die Ergebnisse werden in dieser Sitzung nicht weiter besprochen. Die gesammelten Einschätzungen zu Beginn jeder Sitzung vermitteln der Moderatorin vielmehr einen Einblick von der Prozessentwicklung. Normalerweise sollten sich die Positionen annähern und sich sowohl die Motivation als auch die Zufriedenheit mit dem Prozess steigern. Sollte das nicht der Fall sein oder möglicherweise ein Auseinanderdriften der Fachkräfte festgestellt werden, muss die Moderatorin dieses Ergebnis aufgreifen und mit dem Team gemeinsam eine Lösung finden.

Im nächsten Schritt werden die drei Flipcharts der vorherigen Teamsitzung genauer analysiert. Hierfür werden gemeinsam folgende Fragen beantwortet:

Welche Chancen sehen Sie im Entwicklungsprozess?
Die benannten Chancen sind in der Regel mit Hoffnungen, Wünschen oder Vorstellungen der einzelnen Fachkräfte verbunden und geben Aufschluss über die Veränderungsziele im Konzeptionsentwicklungsprozess. Im Team werden die gemeinsamen Chancen diskutiert und im Protokoll festgehalten.

Welche Bedenken haben Sie?
Bedenken können den gemeinsamen Prozess hemmen und sogar stören. Deshalb ist es wichtig, darüber zu reden und zu überlegen, wie damit umgegangen werden soll. In einem ersten Schritt wird geschaut, ob sich bestimmte Bedenken bei mehreren Fachkräften finden. Ist dies der Fall, gibt es möglicherweise im System Probleme: Beispielsweise sind die Teambesprechungszeiten nicht ausreichend oder andere Projekte laufen gleichzeitig. Sollten unterschiedliche Bedenken vorherrschen, ist dies ein Hinweis auf individuelle

Empfindungen und Einschätzungen der Fachkräfte. Diese Aspekte sind nur zum Teil im Team zu besprechen. Es empfiehlt sich, mit den Fachkräften Personalentwicklungsgespräche oder kollegiale Gespräche zu führen. Am wahrscheinlichsten ist es, dass es eine Mischung aus gemeinsamen und individuellen Bedenken gibt, so dass beide Varianten der Bearbeitung wahrgenommen werden sollten.

In welchen Bereichen haben Sie die größten Interessen?
Im Prozess der Konzeptionsentwicklung gibt es unterschiedliche Aufgaben, die erfüllt werden müssen. Wer dafür Verantwortung bzw. die inhaltliche Federführung übernimmt, sollte sich auch an den Interessen und spezifischen Bedürfnissen der Fachkräfte orientieren.

Die drei Fragekomplexe werden unter folgenden Aspekten diskutiert:

- An welchen Stellen gibt es Gemeinsamkeiten?
- An welchen Stellen gibt es Unterschiede?
- An welchen Stellen gibt es Gemeinsamkeiten, aber auch Unterschiede?
- Wie können wir unsere Befunde für unseren weiteren Arbeitsprozess nutzen?

Die Ergebnisse dieses Prozesses werden im Protokoll festgehalten, so dass sie für den weiteren Prozess verfügbar sind.

Am Ende der Teamsitzung leitet die Moderatorin ein kurzes Blitzlicht ein.

4.3.3 Dritter Schritt: Analyse der aktuellen Konzeption und pädagogischen Praxis

Ziele

- Die Fachkräfte erkennen umgesetzte Elemente in der Praxis und Differenzen zwischen der Konzeption und der aktuellen pädagogischen Praxis.
- Die Fachkräfte arbeiten die allgemeinen Aspekte für eine fachlich angemessene Konzeption heraus.

Methode

Teamsitzung, Referat und Gesprächsrunde

Teilnehmer

Alle pädagogischen Fachkräfte der Einrichtung

Dauer

Phase 1: ca. 90–120 Minuten; Phase 2: ca. 180–200 Minuten

Vorbereitung

Die Fachkräfte einer Gruppe lesen die aktuelle Konzeption noch einmal sorgfältig durch und erarbeiten eine Liste mit den inhaltlichen Schwerpunkten ihrer pädagogischen Arbeit. Diese dient als Grundlage für einen kurzen inhaltlichen Impuls durch jeweils eine Fachkraft pro Gruppe. Für den Prozess ist es hilfreich, wenn hierfür ein Übersichtsblatt mit den wichtigsten inhaltlichen Schwerpunkten vorliegen würde.

Für die Diskussion kopiert die Moderatorin die Dokumentationshilfe 10: „Elemente und Inhalte der Konzeption".

ELEMENTE UND INHALTE DER KONZEPTION

Leitgesichts-punkte/ pädagogische Bereiche	Ist in der Konzeption vorhanden	Ist in der Konzeption nicht vorhanden	Ist Bestandteil der pädagogischen Arbeit	Ist nicht Bestandteil der pädagogischen Arbeit
Begrüßung und Verab-schiedung				
Bewegung				
Kognitive Entwicklung				
Sprache und Kommunikation				
Sozial-emotionale Entwicklung				
Bauen und Konstruieren				
Fantasie- und Rollenspiel				
Natur-, Um-gebungs- und Sachwissen				

DOKUMENTATIONSHILFE 10

ELEMENTE UND INHALTE DER KONZEPTION

Leitgesichtspunkte/ pädagogische Bereiche	Ist in der Konzeption vorhanden	Ist in der Konzeption nicht vorhanden	Ist Bestandteil der pädagogischen Arbeit	Ist nicht Bestandteil der pädagogischen Arbeit
Raum für Kinder				
Tagesgestaltung				
Ruhen und Schlafen				
Mahlzeiten und Ernährung				
Sicherheit				
Gesundheit und Körperpflege				
Kulturelle Vielfalt				
Integration				

DOKUMENTATIONSHILFE 10

ELEMENTE UND INHALTE DER KONZEPTION

Leitgesichtspunkte/ pädagogische Bereiche	Ist in der Konzeption vorhanden	Ist in der Konzeption nicht vorhanden	Ist Bestandteil der pädagogischen Arbeit	Ist nicht Bestandteil der pädagogischen Arbeit
Zusammenarbeit mit Familien				
Eingewöhnung				
Übergang in die Grundschule				
Leitung				
Beobachtung				
Dokumentation				
Pädagogische Planung				
Kommunikation und Interaktion				
Partizipation				

DOKUMENTATIONSHILFE 10

Durchführung

Phase 1 – erste Teamsitzung

Die Moderatorin eröffnet die Diskussion über die aktuelle Konzeption. Dabei stehen die folgenden Fragen im Mittelpunkt:

- Welche Elemente der Konzeption entsprechen unseren professionellen Vorstellungen einer angemessen Pädagogik?
- Welche Elemente der Konzeption entsprechen nicht unseren professionellen Vorstellungen einer angemessen Pädagogik?
- Welche Bildungs- und Erziehungsbereiche sind in der aktuellen Konzeption aufgeführt?
- Welche Bereiche fehlen?
- Gibt es Themenbereiche, die in der Konzeption fehlen, aber aus fachlicher Sicht bzw. einrichtungsspezifischer Perspektive unerlässlich sind?
- Sind die aufgeführten Bereiche angemessen beschrieben?
- Wer ist der Adressat der aktuellen Konzeption?
- Ist der Aufbau der Konzeption gut verständlich?

Die Beiträge können zur Unterstützung der Diskussion an einem Flipchart notiert werden. Anschließend werden die Ergebnisse von einer Kollegin für den weiteren Prozess gesondert festgehalten.

Am Ende der Diskussion liegt dem Team eine erste strukturelle Analyse der aktuellen pädagogischen Konzeption vor. Damit sind im Wesentlichen drei Aspekte klar:

- Alle Fachkräfte haben jetzt einen ähnlichen Wissensstand, was die aktuelle Konzeption betrifft.
- Die Bereiche der Konzeption sind identifiziert, die vom Team positiv gesehen werden.
- Es sind aber auch Bereiche identifiziert, die vom Team als entwicklungsbedürftig angesehen werden.

„Freie Felder" wurden identifiziert, also Bereiche, die in der Konzeption noch gänzlich fehlen.

Dieses Ergebnis wird für die Formulierung des Teamarbeitsauftrages in Schritt 5 wieder benötigt.

Am Ende der Sitzung überprüft das Team, ob die Ziele für die erste Phase erreicht worden sind, und die Moderatorin gibt allen Fachkräften die Möglichkeit, in einem kurzen Blitzlicht ihre Stimmung den anderen mitzuteilen.

Phase 2 – zweite Teamsitzung

In dieser Teamsitzung stellen die Kolleginnen aus den einzelnen Gruppen zunächst ihre pädagogische Arbeit vor. In Einrichtungen, in denen nach einem offenen Konzept gearbeitet wird, stellen die Fachkräfte jeweils ihren Angebotsbereich vor. Jede Gruppe hat dafür 20 Minuten Zeit. Im Anschluss an jede Vorstellung gibt es Raum für Nachfragen. Eine inhaltliche Diskussion findet noch nicht statt. In dieser Phase gelten zwei Grundregeln:

- Die Aussagen der Kolleginnen werden nicht bewertet, inhaltliche Nachfragen sind allerdings erwünscht.
- Vergleiche zwischen der eigenen pädagogischen Arbeit und der der Kollegin sind ebenfalls nicht erlaubt.

Nachdem aus allen Gruppen berichtet wurde, schließt sich gegebenenfalls eine offene Diskussionsrunde an – je nachdem, ob sich die Fachkräfte noch über die gerade gehörten Vorträge austauschen wollen.

Die Ergebnisse der Vorstellung und je nachdem auch der Diskussion werden im Protokoll zusammengefasst. Sollten von den Fachkräften Zusammenfassungen ihrer pädagogischen Praxis vorliegen, werden diese ergänzend hinzugenommen.

Nach der Analyse der pädagogischen Praxis steht im zweiten Teil der Teamsitzung die Analyse der aktuellen pädagogischen Konzeption im Mittelpunkt der Betrachtung. In einem ersten Schritt wird diese auf Vollständigkeit im Sinne des unter Phase 1 diskutierten Modells geprüft. Die leitende Frage hierbei lautet: Wird in der aktuellen Konzeption zu dieser Basiskompetenz bzw. zu diesem pädagogischen Bereich etwas ausgesagt? In der Dokumentationshilfe 10 „Elemente und Inhalte der Konzeption" finden sich die entsprechenden Stichpunkte.

Anhand der vorliegenden Liste wird geprüft, ob die einzelnen Bereiche vorhanden sind. Gibt es beispielsweise zum Thema Bewegung Ausführungen in der pädagogischen Konzeption, wird dies in der Spalte „Ist in der Konzeption vorhanden" vermerkt, im anderen Fall in der Spalte „Ist in der Konzeption nicht vorhanden".

Nach diesem Schritt widmet das Team seine Aufmerksamkeit den beiden letzten Spalten der Dokumentationshilfe 10 zu: „Ist Bestandteil bzw. nicht Bestandteil der pädagogischen Arbeit". Die Aufzeichnungen der ersten Phase der Teamsitzung werden nun zur Hilfe genommen und es wird geprüft, inwieweit die Basiskompetenzen und pädagogischen Bereiche in der praktischen Arbeit vorkommen. In einigen Einrichtungen wird es vermutlich zwischen den einzelnen Gruppen Unterschiede in der pädagogischen Arbeit geben. In diesem Fall sollten die Unterschiede so dokumentiert werden, dass deutlich wird, in welchen Gruppen die Basiskompetenzen und pädagogischen Bereiche bereits Bestanteil sind und in welchen nicht.

Die Diskussionen in dieser Phase beziehen sich noch nicht auf die konkrete Umsetzung in den einzelnen Gruppen. Ziel ist vielmehr, eine erste „Bestandsaufnahme" der pädagogischen Praxis zu bekommen. Eine vertiefte Auseinandersetzung findet dann in der Entwicklungsphase statt.

Am Ende dieser Arbeitsphase liegen dem Team folgende Dokumente für den weiteren Prozess vor:

- Hinderliche und förderliche Aspekte im Prozess
- Selbstevaluationsbogen jeder Fachkraft „Persönliche Einstellung zum Entwicklungsprozess"
- Strukturanalyse der pädagogischen Konzeption
- Prüfliste zu den pädagogischen Bereichen und Basiskompetenzen in der Konzeption
- Prüfliste der pädagogischen Praxis.

Am Ende der Teamsitzung überprüft das Team, ob die Ziele erreicht worden sind und schließt die Sitzung mit einem Blitzlicht ab.

4.3.4 Vierter Schritt: Informationsveranstaltung zum Projekt

Ziele
Alle Familien kennen das Projekt zur Konzeptentwicklung

Methode
Informationsveranstaltung mit Referat

Teilnehmer
Es ist ausreichend, wenn die Vorstellung des Projektes von zwei bis drei Fachkräften durchgeführt wird. Wie viele letztlich an der Veranstaltung teilnehmen, hängt von der jeweiligen Einrichtungskultur hinsichtlich der Zusammenarbeit mit Familien ab.

Eltern und andere Sorgeberechtigte

Dauer
Ca. 120 Minuten

Vorbereitung

Für die Informationsveranstaltung müssen rechtzeitig Einladungen, am besten mit einem Anmeldebogen verschickt werden. Dies erhöht die Planungssicherheit, ermöglicht es, gezielt Familien anzusprechen, die sich noch nicht angemeldet haben, und auf die Wichtigkeit dieser Veranstaltung hinzuweisen.

Wenn es organisatorisch möglich ist, sollten zwei Termine angeboten werden. Dadurch können mehrere Familien erreicht werden. Für alle Familien, die nicht teilnehmen können, wird am besten von zwei Kolleginnen ein etwa einseitiger Brief mit den wichtigsten Informationen vorbereitet.

Die Familien bei der Entwicklung der Konzeption einzubeziehen, ist ein wichtiges Element von Erziehungspartnerschaften und sollte deshalb unbedingt Bestandteil dieses Prozesses sein. Dies sollte auf zwei Ebenen geschehen:

Evaluation der Elternwünsche

Den Fachkräften sollte deutlich werden, welche Vorstellungen die Eltern in Bezug auf eine angemessene Pädagogik haben. Da es in der Regel unrealistisch ist, darüber gemeinsam auf Elternabenden oder systematisch in Einzelgesprächen zu diskutieren, kann zum Beispiel eine kurze schriftliche Befragung durchgeführt werden. Damit die Ergebnisse auch gut zu verarbeiten sind, ist es sinnvoll, wenig Fragen zu stellen, die die Eltern mit eigenen Texten beantworten sollen. Es bieten sich sogenannte „geschlossene" Fragen an, die die Eltern durch Ankreuzen beantworten.

Die Möglichkeiten, einen solchen Fragebogen zu gestalten, sind vielfältig. In der Dokumentationshilfe 11 findet sich ein Vorschlag, der die zentralen Fragen beinhaltet und eine Auswertung ohne großen Aufwand ermöglicht.

EVALUATIONSBOGEN FÜR DIE FAMILIEN

Liebe Eltern,
wie wir Ihnen ja bereits mitgeteilt haben, möchten wir unsere pädagogische Konzeption überarbeiten. Es ist für uns wichtig, auch Ihre Vorstellungen in die Erarbeitung dieser Konzeption mit einfließen zu lassen. Deshalb wenden wir uns mit dieser kurzen Befragung an Sie und möchten Sie bitten, unsere Fragen zu beantworten.
Die Bearbeitung dauert ca. 15 Minuten.
Selbstverständlich wird diese Befragung vollständig anonym durchgeführt. Wenn Sie also die Fragen beantwortet haben, stecken Sie den Befragungsbogen einfach bis zum __.__.____ in die Kiste am Büro ein.
Sollten Sie noch Informationsbedarf haben, sprechen Sie einfach die Leiterin an.

Ihr KiTa-Team

1. Wir nennen Ihnen nun einige Bereiche unserer pädagogischen Arbeit, bitte kreuzen Sie an, wie wichtig für Sie die Arbeit in diesem Bereich ist.

	nicht wichtig	eher nicht wichtig	eher wichtig	wichtig
Förderung von sprachlichen Fähigkeiten	☐	☐	☐	☐
Förderung von kognitiven Fähigkeiten	☐	☐	☐	☐
Förderung von sozialen Fähigkeiten	☐	☐	☐	☐
Stärkung und Förderung im Umgang mit Gefühlen	☐	☐	☐	☐
Bewegungsanregung und -förderung	☐	☐	☐	☐
Förderung von kreativen und musischen Fähigkeiten	☐	☐	☐	☐
Stärkung der Zusammenarbeit mit den Familien in der Einrichtung	☐	☐	☐	☐

2. Wie zufrieden sind Sie mit der pädagogischen Umsetzung durch die Fachkräfte in diesen Bereichen?

	nicht zufrieden	eher nicht zufrieden	eher zufrieden	zufrieden
Förderung von sprachlichen Fähigkeiten	☐	☐	☐	☐
Förderung von kognitiven Fähigkeiten	☐	☐	☐	☐
Förderung von sozialen Fähigkeiten	☐	☐	☐	☐
Stärkung und Förderung im Umgang mit Gefühlen	☐	☐	☐	☐
Bewegungsanregung und -förderung	☐	☐	☐	☐
Förderung von kreativen und musischen Fähigkeiten	☐	☐	☐	☐
Stärkung der Zusammenarbeit mit den Familien in der Einrichtung	☐	☐	☐	☐

DOKUMENTATIONSHILFE 11

3. Was möchten Sie gerne verstärkt in der Einrichtung für Ihre Kinder angeboten haben?

	nein	ja
mehr freies Spiel	☐	☐
mehr (Förder-)Angebote	☐	☐
mehr Projekte	☐	☐
mehr Aktivitäten im Außenbereich	☐	☐
mehr Ausflüge	☐	☐
mehr Informationsveranstaltungen für Familien	☐	☐
mehr persönliche Informationen über das eigene Kind	☐	☐

4. Nennen Sie uns zum Abschluss noch die zwei wichtigsten Fähigkeiten, die Ihr Kind in der Einrichtung erwerben soll.

1.

2.

Vielen Dank für Ihre Mitarbeit

Ihr KiTa-Team

Mehr zur Auswertung und zum weiteren Umgang mit den Ergebnissen findet sich unter Schritt 5.

Mitarbeit am Entwicklungsprozess

Im Sinne von Erziehungspartnerschaft und transparenter pädagogischer Arbeit sollten die Eltern an der Entwicklung der Konzeption nicht nur durch Befragung beteiligt werden, sondern auch durch die aktive Mitarbeit. Hierfür sollten ein bis zwei Personen aus der Elternschaft gewonnen werden. Bei der Auswahl ist darauf achten, dass die Personen

- einen guten Draht zum Team haben und den Prozess nicht dazu missbrauchen wollen, diesem endlich mal sagen zu können, wie es eigentlich richtig zu machen ist
- genügend Zeit zur Verfügung stellen und an den Teamsitzungen teilnehmen können – wobei sie jedoch nicht an allen teilnehmen müssen
- in ihren Überlegungen die Kinder und deren Wohl in den Mittelpunkt stellen können
- vertrauensvoll sind
- Kinder in der Einrichtung haben, die diese nicht so bald verlassen werden.

An welchen Schritten die Eltern teilnehmen sollen, beschließt das Team. Dabei muss jedoch darauf geachtet werden, dass sie am Prozess insgesamt beteiligt sind und nicht nur „sporadisch" eingeladen werden.

Bereits vor Beginn der Informationsveranstaltung hat das Team entschieden, ob und in welcher Form die Familien in den Entwicklungsprozess einbezogen werden.

Die Fachkräfte, die die Veranstaltung durchführen, haben sich zuvor darüber verständigt, welche Inhalte angesprochen werden. Folgende Aspekte sind dabei obligatorisch:

- Begrüßung
- Einleitung ins Thema
- Was ist eine pädagogische Konzeption?
- Wozu wird eine Konzeption benötigt?
- Welche Inhalte gehören in eine pädagogische Konzeption?
- Warum machen wir uns auf den Weg, die Konzeption zu überarbeiten oder neu zu entwerfen?
- Beschreibung des Prozesses
- Wer ist an der Konzeptionsentwicklung beteiligt?
- Wie gehen wir vor?
- Was sind unsere Ziele?
- Wie lange wird dieser Prozess dauern?
- Beteiligung der Familien
- Wie werden die Familien an der Entwicklung beteiligt?
- Gegebenenfalls: Wie geht man mit dem Fragebogen um?
- Gegebenenfalls: Welche Personen aus der Elternschaft sind am Prozess beteiligt?
- Diskussion.

Durchführung

Die Informationsveranstaltung findet in einem den Familien bekannten Rahmen statt. Die Moderatorinnen achten darauf, dass die Fragen der Eltern möglichst ehrlich und konkret beantwortet werden. Niemand sollte am Ende der Veranstaltung das Gefühl haben, dass seine Fragen nicht beantwortet wurden oder die Fachkräfte versucht haben, ihnen auszuweichen. Das Vertrauen der Eltern in die Fähigkeiten der Fachkräfte, eine Konzeption zu überarbeiten oder zu entwickeln, hängt unter anderem auch von der Transparenz und Ehrlichkeit der Mitarbeiter ab.

Die Veranstaltung sollte nicht zu lange dauern, da sonst die Gefahr besteht, dass man sich in den Diskussionen verliert. Die Moderatorinnen legen gemeinsam fest, wann der richtige Zeitpunkt gekommen ist.

Am Ende der Veranstaltung werden gegebenenfalls die Elternfragebögen verteilt und das Verfahren kurz erläutert. Fragen der Eltern, beispielsweise zum Datenschutz, oder andere Bedenken müssen ernst genommen und beantwortet werden.

4.4 Die Entwicklungsphase

Zu Beginn der Entwicklungsphase werden die Ziele des Prozesses festgelegt und eine oder mehrere gemeinsame Zielvereinbarungen getroffen. Im weiteren Verlauf werden die pädagogischen Bereiche und die Leitgesichtspunkte detailliert diskutiert. Im Mittelpunkt stehen jeweils die fachwissenschaftliche Bewertung und Gestaltung eines Bereichs im Verhältnis zu den derzeitigen pädagogischen Prozessen und Angeboten. Als Ergebnisse aus diesem Prozess lassen sich die beiden Produkte „Baustein für die Konzeption" und die „To-Do-Liste" für mögliche Qualitätsentwicklungsprozesse beschreiben (vgl. Kapitel 4.2, Dokumentationshilfe 8). Am Ende dieses Prozesses liegen die Bausteine für die pädagogische Konzeption vor.

4.4.1 Fünfter Schritt: Zusammenfassung der Ergebnisse der Orientierungsphase

Ziele

- Es gibt eine Zielvereinbarung.
- Die aus der Orientierungsphase gewonnen Erkenntnisse werden für den weiteren Prozess genutzt.
- Die Vorstellungen der Familien sind dem Team bekannt.
- Die Vorstellungen der Familien werden für den weiteren Prozess genutzt.

Methode

Kleingruppen, Diskussionsrunde im Team

Teilnehmer

Fachkräfte, gegebenenfalls Elternvertreter

Dauer

Ca. 90 Minuten

Vorbereitung

Zwei Kolleginnen werten gemeinsam die Befragung der Eltern aus. Dazu fertigen sie eine Tabelle an, in die sie dann die für die einzelnen Bereiche aufaddierten Kreuze nach den Kategorien, „nicht wichtig", „eher nicht wichtig", „eher wichtig", „wichtig" eintragen. Dies kann z. B. wie in der folgenden Tabelle aussehen:

Wie wichtig ist Ihnen die Förderung der sprachlichen Fähigkeiten?

nicht wichtig	eher nicht wichtig	eher wichtig	wichtig
1 Antwort	6 Antworten	24 Antworten	12 Antworten

Das Ergebnis dieser Befragung wäre, dass die meisten Eltern, nämlich 36 von 43, die Förderung sprachlicher Fähigkeiten als wichtig erachten. D. h., dass dieser Aspekt aus Sicht der Eltern in jedem Fall in der Konzeption vorkommen muss.

Die offene Frage am Ende des Fragebogens wird im Prinzip genauso ausgewertet, nur dass aufgrund der offenen Antwortstruktur ein wenig mehr Arbeit notwendig ist.

Die beiden Kolleginnen bereiten eine kurze Präsentation für die nächste Teamsitzung vor.

Durchführung

Die beiden Kolleginnen, die die Ergebnisse der Elternbefragung ausgewertet haben, stellen diese vor. Eine visualisierte Präsentation erleichtert in der Regel das Verstehen. (Sollte keine Elternbefragung durchgeführt worden sein, wird dieser Aspekt übersprungen.) Danach diskutiert das Team entlang der folgenden Fragen:

- Welche Ergebnisse sind überraschend?
- Können die Vorstellungen der Eltern in die Konzeption aufgenommen werden? Sind sie bereits Bestandteil des pädagogischen Handelns?

- Gibt es Vorstellungen der Eltern, die das Team zwar teilt, die aber noch nicht Bestandteil des pädagogischen Handelns sind?
- Die Diskussionsergebnisse werden mit der Auswertung der Befragung dokumentiert.

Im Folgenden werden die in der Orientierungsphase gewonnenen Informationen noch einmal in der Gesamtschau verglichen. Dem Team liegen jetzt folgende fünf Quellen vor:

- Hinderliche und förderliche Aspekte im Prozess
- Strukturanalyse des pädagogischen Konzeptes
- Prüfliste zu den pädagogischen Bereichen und Basiskompetenzen im Konzept
- Prüfliste über die Bestandteile der pädagogischen Praxis
- Ergebnisse der Elternbefragung.

Aus der Dokumentationshilfe „Elemente und Inhalte der Konzeption" (Dokumentationshilfe 10) wird vom Team im diskursiven Prozess ein pädagogischer Bereich ausgewählt. Erst wenn alle Bausteine zu den pädagogischen Bereichen erarbeitet sind, kann mit den Leitgesichtspunkten begonnen werden.

Zum Schluss wird diskutiert, welche Ziele erreicht werden sollen. Um den Diskussionsprozess zu verkürzen, können Zielvereinbarungen auch vorbereitet werden.

Mit der Auswahl des ersten zu bearbeitenden pädagogischen Bereiches wird die Teamsitzung abgeschlossen. Mit der nächsten Sitzung beginnt dann der Prozess der Erarbeitung des ersten Bausteins für die pädagogische Konzeption.

4.4.2 Sechster Schritt: Reflexion der eigenen Praxis zum ersten pädagogischen Bereich

Ziele

- Alle Fachkräfte kennen die pädagogische Praxis aller Gruppen der Einrichtung in dem ausgewählten Bereich.
- Die Fachkräfte erarbeiten die Ähnlichkeiten und Unterschiede in den Gruppen zu diesem Thema.
- Alle Fachkräfte haben ihre eigene Position und Meinung eingebracht.
- Es gibt eine erste ausführliche Skizze zum ersten Bereich, die die pädagogische Arbeit und die Vorstellungen der Fachkräfte wiedergibt.

Methode

Teamsitzung

Teilnehmer

Fachkräfte, gegebenenfalls Elternvertreter

Dauer

Ca. 90 Minuten

Vorbereitung

Die bisherigen Ergebnisse werden im Besprechungsraum für alle sichtbar aufgehängt bzw. ausgelegt.

Zur Vorbereitung auf den ersten Bereich bekommen alle pädagogischen Fachkräfte frühzeitig den Reflexionsbogen (siehe Dokumentationshilfe 12), den sie vor der nächsten Teamsitzung alleine ausfüllen. Inwieweit sie sich dabei mit den Kolleginnen austauschen, bleibt ihnen überlassen. Die Reflexion dient dazu, sich bereits vor der ersten Teamdiskussion mit dem zu erarbeitenden pädagogischen Bereich auseinander gesetzt haben.

INDIVIDUELLE REFLEXION EINES PÄDAGOGISCHEN BEREICHES

Pädagogischer Bereich: ________________

Was sind für mich die wichtigsten Elemente dieses Bereiches?

Welche Angebote biete ich regelmäßig in diesem Bereich an?

Welche Ziele möchte ich in diesem Bereich erreichen?

Wie fließt dieser Bereich in das freie Spiel der Kinder ein?

Welche Kinder meiner Gruppe betrifft dieser Bereich besonders?

DOKUMENTATIONSHILFE 12

Durchführung

Die Teamsitzung beginnt mit einem Brainstorming dazu, was den Fachkräften zu dem ausgewählten pädagogischen Bereich wichtig ist. Dabei ist es unerheblich, ob dies bereits in der pädagogischen Arbeit umgesetzt wird oder nicht. Es können auch Wünsche, Vorstellungen und Überzeugungen genannt werden. Eine Kollegin hält alles am Flipchart fest.

Dann beginnt das Team, das Genannte zu sortieren und den folgenden Aspekten zuzuordnen:

- Räumliche Bedingungen
- Erzieherin-Kind-Interaktion
- Pädagogische Planung
- Nutzung und Vielfalt von Material
- Individualisierung
- Partizipation.

Dabei werden manche Aspekte häufiger und manche weniger häufig genannt worden sein. Dies soll mithilfe folgender Fragen analysiert werden:

- Welche Aspekte wurden häufig genannt? Was ist der Grund dafür?
- Welche Aspekte wurden wenig oder gar nicht genannt? Was ist der Grund dafür?
- An welchen Stellen sehen wir im Sinne von Qualitätsentwicklung einen Bedarf an inhaltlicher Entwicklung?

Das Team schaut sich nun zur Erinnerung noch einmal das Ergebnis des dritten Schrittes zu diesem Bereich an. Aus der Zuordnung und der Beschreibung in der Tabelle und der in dieser Teamsitzung entstandenen Zuordnung, lässt sich nun ablesen,

- inwieweit dieser Bereich in der Konzeption verankert ist
- inwieweit dieser Bereich in der Praxis umgesetzt wird
- welche Aspekte dieses Bereiches zwar im Wissen und in den Erfahrungen der Fachkräfte präsent sind, aber noch nicht umgesetzt werden und auch noch nicht in die Konzeption eingeflossen sind.

Dies ist das erste Ergebnis der Entwicklungsphase und wird später noch einmal benötigt.

Am Ende der Teamsitzung werden die Ziele auf Erreichung überprüft und ein kurzes Blitzlicht abgehalten.

4.4.3 Siebter Schritt: Erarbeitung bester Fachpraxis für den ersten Bereich

Ziele

- Die Fachkräfte kennen die fachlichen Anforderungen für den ersten Bereich.
- Die Inhalte der Konzeption für den ersten Bereich entsprechen den fachwissenschaftlichen Ansprüchen.
- Es gibt eine endgültige Skizze für die Verfassung des ersten Konzeptionsbausteins für diesen Bereich.

Methode

Teamsitzung

Teilnehmer

Fachkräfte, gegebenenfalls Elternvertreter

Dauer

Ca. 120–150 Minuten

Vorbereitung

Die Moderatorin bereitet ein Plakat vor, auf dem die Ergebnisse der vorherigen Teamsitzung zusammengefasst sind und zwar gegliedert nach den Punkten:

- unterschiedliche Positionen
- gleiche Positionen
- einzelne Aussagen.

Mit Hilfe der folgenden Tabelle (siehe Dokumentationshilfe 13) fertigt sie ein Flipchartplakat für den ersten Bereich an:

GLIEDERUNG FÜR DIE BEARBEITUNG DER PÄDAGOGISCHEN BEREICHE

Pädagogischer Bereich: ________________

Leitgesichtspunkte	**Kriterien und Inhalte**
Räumliche Bedingungen Innen- und Außenbereich	
Erzieherin-Kind-Interaktion Beobachtung, Beteiligung und Impulsgebung	
Pädagogische Planung Planung von Angeboten und Zielen sowie Dokumentation	
Vielfalt und Nutzung von Material	
Individualisierung Umgang mit Materialien und Angeboten	
Partizipation Mitbestimmung und Mitgestaltung	

DOKUMENTATIONSHILFE 13

Durchführung

Die Fachkräfte haben sich bereits im Vorfeld mit dem zu erarbeitenden pädagogischen Bereich auseinandergesetzt. Je nach Größe des Teams werden nun drei Kleingruppen mit mindestens zwei Fachkräften gebildet. Sollte keine Gruppenbildung möglich sein, wird der gesamte Prozess im Team durchlaufen. Die Aufgabe der Kleingruppen besteht darin zu diskutieren, welche Aspekte für den pädagogischen Bereich innerhalb des ausgewählten Leitgesichtspunktes relevant sind.

Jede Kleingruppe bekommt nun gleich viele Leitgesichtspunkte und diskutiert entlang der folgenden Fragen:

- Welche Aspekte innerhalb des Leitgesichtspunktes sind für die pädagogische Konzeption wichtig?
- Welche Aspekte des Leitgesichtspunktes haben für die pädagogische Konzeption keine Bedeutung?
- Welche weiteren pädagogischen Prozesse, Aktivitäten und Handlungen sind über die Leitgesichtspunkte hinaus Bestandteil der pädagogischen Arbeit und sollen in die Konzeption aufgenommen werden?

Während der Diskussion tragen die Fachkräfte in die Dokumentationshilfe 13: „Gliederung für die Bearbeitung der pädagogischen Bereiche" die wichtigsten Kriterien und Inhalte der Leitgesichtspunkte ein.

Wenn alle Kleingruppen fertig sind, stellen sie ihre Ergebnisse nacheinander vor. Die Moderatorin trägt die Formulierungen auf dem Flipchart ein. Nach dem Prinzip der einfachen Mehrheit entscheidet das Team, ob die jeweiligen Inhalte als Grundlage für den Konzeptionsbaustein zu diesem Bereich angenommen werden.

Daraufhin entwirft das Team eine Liste mit Kompetenzen, die bei den Kindern in diesem Bereich entwickelt werden sollen und beschließt diese ebenfalls mit einer einfachen Mehrheit.

Wenn alle Aspekte zu den Leitgesichtspunkten und die Kompetenzen bearbeitet und beschlossen sind, liegt die Skizze für die Formulierung des Konzeptbaustein zu diesem Thema vor. Nun werden zwei Kolleginnen bestimmt, die den Konzeptionsbaustein für den ersten Bereich entwerfen. Die Gliederung hierfür kann folgendermaßen aussehen (siehe Kapitel 1.4 und die Beispiele der Werdohler Einrichtungen):

- Beschreibung der Einrichtung
- Räumliche Bedingungen
- Erzieherin-Kind-Interaktion
- Planung
- Vielfalt und Nutzung von Material
- Individualisierung
- Partizipation
- Intendierte Kompetenzen.

Die Moderatorin überprüft mit dem Team, ob die Ziele dieses Schrittes erreicht worden sind.

4.4.4 Achter Schritt: Fertigstellung des Konzeptionsbausteins für den ersten Bereich

Ziele

- Es gibt einen Konzeptionsbaustein für den ersten Bereich.

Methode

Einzel- und Kleingruppenarbeit

Teilnehmer

Zwei ausgewählte Fachkräfte, alle Fachkräfte der Einrichtung

Dauer

Ca.120–180 Minuten in mehreren kleineren Abschnitten

Vorbereitung

Die Skizze für die Formulierung des Konzeptbaustein steht zur Verfügung.

Durchführung

Zwei ausgewählte Fachkräfte setzen sich zusammen und verteilen die Aufgaben. Der Text zum Konzeptbaustein kann gemeinsam verfasst werden (was sich allerdings oft schwierig gestaltet) oder jeder übernimmt einen Teil oder eine Kollegin entwickelt einen ersten Entwurf und die andere Kollegin überarbeitet ihn.

Der Text wird auf der Grundlage der erarbeiteten Skizze entwickelt. Er umfasst nicht mehr als zwei Seiten und zeichnet sich durch seine fachliche Aussagekraft für die pädagogischen Fachkräfte aus. Er dient dem internen Gebrauch und ist nicht für die Außendarstellung gedacht.

Wenn die Autorinnen den Text untereinander abgestimmt haben, bekommt ihn zunächst die Moderatorin, die den Autorinnen ein Feedback gibt. Daraus können sich größere Veränderungen ergeben.

Die zwischen der Moderatorin und den Autorinnen abgestimmte Version des Textes wird dann kopiert und allen Fachkräften der Einrichtung zur Verfügung gestellt. Diese haben jetzt ein letztes Mal die Möglichkeit, inhaltliche Unstimmigkeiten zu klären und möglicherweise in einer kurzen (Team-)Besprechung nochmals zu diskutieren.

Am Ende dieses Prozess ist der erste Konzeptbaustein fertig gestellt.

Die Schritte sechs bis acht werden nun für alle pädagogischen Bereiche durchgeführt. Am Ende dieses Prozesses liegt für jeden pädagogischen Bereich, der in die Konzeption aufgenommen wurde, ein Baustein vor. Damit wäre der größte Teil der Entwicklungsarbeit geschafft.

Im Anschluss daran müssen die Bausteine für die Basiskompetenzen und die Standards entwickelt werden. Abschließend wird die pädagogische Konzeption noch um die Beschreibung der Einrichtung (siehe Kapitel 1.4) ergänzt.

4.4.5 Neunter Schritt: Bearbeitung der ersten Basiskompetenz

Ziele

- Es gibt einen Konzeptbaustein für die erste Basiskompetenz.

Methode

Teamsitzung

Teilnehmer

Fachkräfte, gegebenenfalls Elternvertreter

Dauer

Ca.120–150 Minuten

Vorbereitung

Die Materialien des bisherigen Entwicklungsprozess stehen zur Verfügung.

Der Reflexionsbogen zur Basiskompetenz (siehe Dokumentationshilfe 14) wird rechtzeitig an alle pädagogischen Fachkräfte verteilt. Sie füllen ihn vor der nächsten Teamsitzung alleine aus. Inwieweit sie sich dabei mit anderen Fachkräften austauschen, bleibt ihnen überlassen. Die Reflexion dient dazu, dass sich Fachkräfte bereits vor der ersten Teamdiskussion mit dem zu bearbeitenden Leitgesichtspunkt auseinander gesetzt haben.

INDIVIDUELLE REFLEXION EINER BASISKOMPETENZ

Basiskompetenz: ________________

Was sind für mich die wichtigsten Aspekte dieser Basiskompetenz?

Wie nutze ich diese Basiskompetenz in meiner pädagogischen Arbeit?
Welche Beispiele fallen mir ein?

Wie setzte ich diese Basiskompetenz ein, damit ich meine Bildungs- und Erziehungsziele besser erreichen kann?

Welche theoretischen Überlegungen zu dieser Basiskompetenz fließen in mein praktisches Handeln ein?

DOKUMENTATIONSHILFE 14

Durchführung

Der Entwicklungsprozess beginnt mit einem Brainstorming zur Frage: „Was fällt mir zu dieser Basiskompetenz ein?“ Dazu werden Moderationskarten an die Kolleginnen verteilt, auf die aber jeweils nur ein Gedanke oder eine Idee geschrieben wird. An dieser Stelle ist es noch nicht wichtig, ob den Ideen bereits praktisches Handeln zugrunde liegt oder ob es sich um theoretische Ideen handelt.

Nachdem alle Fachkräfte mit dieser Aufgabe fertig sind, werden die Moderationskarten eingesammelt und das Team versucht sie nach Themenschwerpunkten zu sortieren. Dieser Prozess kann einige Zeit dauern, da das Team zu einem Konsens finden muss. Wenn dann alle Karten Themenfeldern zugeordnet sind, werden sie an einem Flipchart oder einer Moderationswand angeheftet und mit einer Überschrift je Themenfeld versehen.

Danach werden anhand der entsprechenden Dokumentationshilfe zu den Basiskompetenzen aus dem Kapitel 2.2 alle wichtigen Fragen zur Basiskompetenz im Team diskutiert.

Daraufhin wird besprochen, welche Aussagen in das Konzept aufgenommen werden sollen, da sie die Praxis der Einrichtung widerspiegeln. Die Auswahl wird in die entsprechende Spalte der Dokumentationshilfe zur Basiskompetenz „Welche Elemente sind wichtig für das pädagogische Konzept?“ eingetragen. Alle anderen, ebenfalls als wichtig eingestuften Aussagen, die aber noch nicht zur pädagogischen Praxis gehören, werden in die „To-Do-Liste“ aufgenommen.

Die in die Dokumentationshilfe eingetragenen Ergebnisse bilden die Grundlage für die schriftliche Fixierung dieser Basiskompetenz, womit wieder zwei Kolleginnen beauftragt werden.

Am Ende des Arbeitsschrittes wird die Zielerreichung überprüft und die Fachkräfte bekommen in einem Blitzlicht die Möglichkeit, etwas zu ihrem Befinden zu sagen.

4.4.6 Zehnter Schritt: Fertigstellung des Konzeptionsbausteins für die erste Basiskompetenz

Ziele

- Es gibt einen Konzeptionsbaustein für die erste Basiskompetenz.

Methode

Einzel- und Kleingruppenarbeit

Teilnehmer

Zwei ausgewählte Fachkräfte, alle Fachkräfte der Einrichtung

Dauer

Ca. 120–180 Minuten in mehreren kleineren Abschnitten

Vorbereitung

Die Materialien des bisherigen Entwicklungsprozesses stehen zur Verfügung.

Durchführung

Die beiden ausgewählten Kolleginnen gehen wie im achten Schritt vor. Sie planen selbstständig ihren Arbeitsprozess und die damit verbundenen Aufgaben.

Der zu verfassende Text sollte nicht länger als zwei Seiten sein und sich in erster Linie an die Fachkräfte und den Träger als Adressaten richten.

Wenn der Text zwischen den Autorinnen abgestimmt ist, wird er zunächst von der Moderatorin gelesen. Diese gibt den beiden Autorinnen ein Feedback. Daraus können sich größere Veränderungen ergeben.

Die zwischen der Moderatorin und den Autorinnen abgestimmte Version wird dann kopiert und allen Fachkräften der Einrichtung zur Verfügung gestellt. Diese haben jetzt ein letztes Mal die Möglichkeit, inhaltliche Unstimmigkeiten zu klären und möglicherweise in einer kurzen (Team-) Besprechung nochmals zu diskutieren.

Am Ende dieses Prozesses ist der Konzeptbaustein für den ersten Leitgesichtspunkt fertig gestellt.

Die Schritte neun und zehn werden für alle Basiskompetenzen durchgeführt. Am Ende dieses Prozesses liegt für jede Basiskompetenz, die in die Konzeption aufgenommen wurde, ein Baustein vor.

4.4.7 Elfter Schritt: Strukturelle und rahmende Informationen für die Konzeption

Ziele

- Es gibt eine Vereinbarung, welche weiteren Informationen in die pädagogische Konzeption aufgenommen werden.

Methode

Teamsitzung

Teilnehmer

Fachkräfte

Dauer

Ca.90 Minuten

Vorbereitung

Für diesen Schritt müssen keine Vorbereitung getroffen werden

Durchführung

Die pädagogische Konzeption wird durch Informationen zur Einrichtung gerahmt. Was hierfür jeweils wichtig ist, wird von den Fachkräften der Einrichtung bestimmt. Die eingebrachten Aspekte werden auf einem Flipchart festgehalten und diskutiert. Das Team legt dann per Mehrheitsbeschluss fest, welche Aspekte für das Konzept aufgearbeitet werden.

Folgende Aspekte sollten aber in jedem Fall berücksichtigt werden:

- Geschichte der Einrichtung
- Beschreibung des Trägers
- Größe der Einrichtung
- Bauliche Ausstattung
- Qualifikation des Personals
- Einzugsbereich und Sozialstruktur des Umfeldes (z. B. Erwerbsstruktur, Anteil der Familien mit Migrationshintergrund)
- Gestaltung des Umfeldes (Spielplätze, Grünflächen, Industrie, Freizeiteinrichtungen, Schulen etc.)
- Öffnungszeiten
- Beschreibung der Familien und Kinder, die die Einrichtung besuchen
- Weitere wichtige Regelungen der Einrichtung.

Um eine Konzeption aufzulockern und besser zugänglich zu machen, können Bilder eine große Unterstützung sein. Deshalb wird eine Kollegin damit beauftragt, in der nächsten Zeit Fotos vom Alltag in der Einrichtung zu machen. Dabei bietet es sich an, Situationen zu fotografieren, die mit den Inhalten der Konzeption in Verbindung stehen.

Die Zusammenstellung der strukturellen und rahmenden Informationen übernimmt am besten die Leiterin. Ihr müssten die Daten in der Regel vorliegen, so dass sie diese mit dem geringsten Aufwand in einem nicht länger als zwei bis drei Seiten langen Text zusammenfassen kann.

Die Sitzung endet mit der Überprüfung der Zielerreichung und einem Blitzlicht.

4.4.8 Zwölfter Schritt: Zusammenführen der Bausteine zu einer zusammenhängenden pädagogischen Konzeption

Ziele

- Alle Fachkräfte kennen die zusammenhängende pädagogische Konzeption.
- Es gibt eine verabschiedete pädagogische Konzeption.

Methode

Teamsitzung, Einzelarbeit

Teilnehmer

Fachkräfte

Dauer

Einzelarbeit ca. 90 Minuten; Teamsitzung ca.60 Minuten

Vorbereitung

Die Konzeptionsbausteine werden nun von den beiden Kolleginnen zusammengeführt. Eine Gliederungsmöglichkeit wurde in Kapitel 1.4 vorgestellt.

Die pädagogische Konzeption wird allen Fachkräften rechtzeitig übergeben, damit sie sie sorgfältig lesen und sich eventuelle Fragen notieren können.

Durchführung

In dieser Teamsitzung findet ein offenes und strukturiertes Gespräch über die vorliegende Konzeption statt. Anmerkungen und Fragen der Fachkräfte werden diskutiert. Sollten sich noch kleinere Änderungswünsche ergeben, werden diese direkt in eine Kopie der Konzeption eingetragen. Bei einem größeren Änderungsbedarf müssen die verantwortlichen Kolleginnen nochmals einen Entwurf für die betroffene Textstelle erarbeiten und ein weiterer Termin zur Verabschiedung muss gefunden werden.

Hat das Team die pädagogische Konzeption verabschiedet, ist Erarbeitungsphase abgeschlossen. Die Teamsitzung endet mit der Zielüberprüfung.

Nachdem nun alle pädagogischen Bereiche und die Leitgesichtspunkte für die pädagogische Konzeption erarbeitet und zu einer Konzeption zusammengefügt worden sind, steht zum Schluss noch die Erarbeitung der Standards an. Die einrichtungsspezifischen Standards werden in diesem Modell für die Außendarstellung genutzt und sollen sowohl den Eltern, die einen Kindergartenplatz suchen, als auch der Fachöffentlichkeit einen verlässlichen Blick in die pädagogische Arbeit der Einrichtung ermöglichen.

4.4.9 Dreizehnter Schritt: Standardentwicklung

Ziele

- Es gibt Standards der pädagogischen Arbeit der Einrichtung.

Methode

Teamsitzung, Kleingruppenarbeit

Teilnehmer

Fachkräfte

Dauer

Ca. 180–240 Minuten

Vorbereitung

Für die Standardformulierung werden die fertige pädagogische Konzeption und die persönlichen Aufzeichnungen der Fachkräfte sowie die Prozessergebnisse benötigt.

Durchführung

Zur Formulierung der Standards werden zunächst einmal die Bausteine für die Basiskompetenzen und die pädagogischen Bereiche gesichtet. Da Standards kurze Texte sind, müssen sie in jedem Fall eine Kernaussage enthalten, die den Außenstehenden einen qualitativen Blick auf die pädagogische Arbeit ermöglicht.

Das Team teilt sich in drei Kleingruppen auf, die jeweils zwei Basiskompetenzen und ein Drittel der pädagogischen Bereiche zugewiesen bekommen. Die Aufgabe besteht darin, die Bausteine zu analysieren die die zentralen Aussagen zu bestimmen (siehe dazu auch Kapitel 1.5).

In den Kleingruppen werden die Bausteine vorgelesen oder still gelesen. Anschließend wird darüber diskutiert und schließlich festgelegt, welches die zentralen Aussagen sind.

In einem weiteren Schritt werden für die zentralen Aussagen knappe Formulierungen gesucht. Ist dieser Prozess abgeschlossen, werden sie Gruppe für Gruppe im Plenum vorgestellt.

Gibt es keine Einwände des Teams, können die Formulierungen für die Basiskompetenzen verabschiedet werden. Sollten im Diskussionsprozess noch Veränderungswünsche geäußert werden, versucht das Team, eine Lösung zu finden. Ist dies nicht möglich, muss ein Gespräch in kleinem Rahmen mit den jeweiligen Fachkräften stattfinden und ein neuer Textbaustein entworfen werden.

Als nächstes bestimmt das Team, welche weiteren Informationen in die Standards mit einfließen sollen. Das können beispielsweise sein:

- einzelne pädagogische Bereiche
- strukturelle oder rahmende Informationen
- Arbeitsweisen, wie beispielsweise Projektarbeit oder „offene Arbeit“
- Fotos.

Auch hier werden wieder Kleingruppen gebildet, die sich mit den Fragen beschäftigen. Das Team teilt die Themen selber auf. Werden Standards zu den pädagogischen Bereichen formuliert, werden die Bausteine zu den Bereichen hinzugezogen und ausgewertet.

Zum Ende dieser Phase liegt dem Team ein Text mit den formulierten Standards vor.

Die Phase endet mit der Zielüberprüfung und einem kurzen Blitzlicht.

4.4.10 Vierzehnter Schritt: Zusammenfassung und Verabschiedung der Konzeption

Ziele

- Es gibt eine fertige pädagogische Konzeption.
- Es gibt eine fertige Außendarstellungs-Broschüre, in der die wichtigsten pädagogischen Standards formuliert sind.

Methode

Einzel- und Kleingruppenarbeit

Teilnehmer

Zwei bis vier ausgewählte Fachkräfte

Dauer

Ca. 180–300 Minuten in mehreren kleineren Abschnitten

Vorbereitung

Für diesen Schritt müssen keine Vorbereitung getroffen werden.

Durchführung

Die Kolleginnen, die die Bausteine für die pädagogische Konzeption geschrieben haben, werden beauftragt, die Konzeption zu gestalten. Sie entwerfen ein Layout, setzen es gegebenenfalls mit Bildern/Fotos um, lesen den gestalteten Text noch einmal Korrektur und versehen die pädagogische Konzeption mit einer Gliederung und einem Deckblatt.

Die Kolleginnen, die für die Standards verantwortlich sind, führen das Gleiche mit den Texten zu den pädagogischen Standards durch. Am Ende gibt es eine Broschüre, die für die Außendarstellung geeignet ist.

4.5 Reflexionsphase

In der Reflexionsphase werden der Prozess und das Ergebnis abschließend reflektiert.

4.5.1 Fünfzehnter Schritt: Reflexion des Projektes

Ziele

- Die Fachkräfte reflektieren den Entwicklungsprozess.
- Die Fachkräfte identifizieren Schwachstellen im Projektverlauf und in der Planung.
- Die pädagogische Konzeption ist allen Fachkräften und dem Träger bekannt.
- Die Informationsbroschüre für Eltern, in Form pädagogischer Standards, ist verfügbar und kann an Interessierte ausgeteilt werden.

Methode

Gesprächsrunde

Teilnehmer

Fachkräfte

Dauer

90–120 Minuten

Vorbereitung

Alle im Prozess erstellten Dokumente liegen vor.

Die Moderatorin hängt die bei jedem Schritt erstellten Koordinatenkreuze zur Motivation und Zufriedenheit auf. In einem neuen Koordinatenkreuz wertet sie die anderen aus, indem sie die Werte überträgt und somit sichtbar macht, wie sich die Einstellungen im laufenden Prozess verändert haben. Das bedeutet, dass nun von jeder Fachkraft mehrere Punkte zu sehen sind, da die Moderatorin alle Punkte aus den anderen Koordinatenkreuzen in das neue eingetragen hat.

Durchführung

Der Verlauf des Projektes wird unter den folgenden Fragestellungen reflektiert:

- Wie ist der Entwicklungsprozess verlaufen? Lief es wie geplant oder gab es Probleme, die den Prozess störten oder gar aufhielten?
- Was ist im Prozess besonders gut gelungen? Was weniger gut?
- Gab es Sitzungen und Arbeitsschritte, die ausfallen mussten? Woran lag das?
- Sind die Ziele erreicht worden?
- Sind die individuellen Ziele erreicht worden?
- Sind die pädagogische Konzeption und die Standards im Ergebnis angemessen? Wo liegen die besonderen Stärken und wo die Schwächen der Konzeption?

Zum Abschluss des Projektes stellt die Moderatorin nun das Ergebnis der Evaluation des Projektesverlaufes vor, indem sie das vorbereitete Koordinatenkreuz der Gruppe vorstellt. Dabei stehen folgende Fragen im Mittelpunkt:

- Gab es im Prozess Phasen, in denen die Motivation stieg bzw. sank? Was waren die Gründe?
- Gab es im Prozess Phasen, in denen die Zufriedenheit mit dem Prozess stieg bzw. sank? Was waren die Gründe?
- Lässt sich ein Zusammenhang zwischen dem Anstieg bzw. dem Abstieg der Motivation und der Zufriedenheit feststellen? Welche Gründe gab es dafür?
- Wie könnten in Zukunft Motivationstäler umgangen werden und Motivationshöhen besser genutzt werden?

Das Ergebnis der Diskussion wird dokumentiert. Der Prozess der Konzeptentwicklung ist damit abgeschlossen.

Literatur

Becker-Stoll, Fabienne/Textor, Martin R. (2007): Die Erzieherin-Kind-Beziehung: Zentrum von Bildung und Erziehung. Berlin: Cornelsen Verlag Scriptor.

Becker-Textor, Ingeborg (1995): Kindergarten 2010 – Traum – Vision – Realität. Freiburg: Verlag Herder.

Bostelmann, Antje (Hrsg.) (2009): Jeder Tag ist Sprachlerntag! Das Praxisbuch zur Sprachförderung in der Kita. Mühlheim a. d. Ruhr: Verlag Mühlheim a. d. Ruhr.

Bostelmann, Antje (2007): So gelingen Portfolios in Kita und Kindergarten. Mühlheim a. d. R.: Verlag Mühlheim a. d. Ruhr.

Dupuis, André (2001): Konzeptionsarbeit als Bestandteil von Qualitätsentwicklung. In: Adolph, Petra/Dupuis, André/Hoffmann, Hilmar/Prott, Roger (2001): Qualität kommt nicht von allein. Anforderungen für eine Entwicklungsaufgabe. Franfurt a. Main: GEW-Hauptvorstand. S. 15–20.

Erler, Claudia/Bendt, Ute (2009): Aus bewährter Praxis die eigene Kita-Konzeption entwickeln. Eine Anleitung in acht Schritten. Mühlheim a. d. Ruhr: Verlag Mühlheim a. d. Ruhr.

Frank, Angela (2008): Kindergarten heute spezial. Kinder in ihrer sozial-emotionalen Entwicklung fördern. Freiburg: Verlag Herder.

Gemeinsamer Rahmen der Länder für die frühe Bildung in Kindertageseinrichtungen (Beschluss der Jugendministerkonferenz vom 13./14.05.2004/ Beschluss der Kultusministerkonferenz vom 03./04.06.2004).

Groot-Wilken, Bernd (2008): Portfolioarbeitleicht gemacht. Berlin: Cornelsen Verlag Scriptor.

Groot-Wilken, Bernd/Warda, Leslie (2007): Entwicklungsgespräche in Kindergarten und KiTa. Freiburg: Verlag Herder.

Kasten, Hartmut (2008): Soziale Kompetenzen: Entwicklungspsychologische Grundlagen und frühpädagogische Konsequenzen. Berlin: Cornelsen Verlag Scriptor.

Krenz, Armin (1996): Die Konzeption – Grundlage und Visitenkarte einer Kindertagesstätte. Freiburg: Verlag Herder.

Preissing, Christa (Hrsg.)/Heller, Elke/Köpnick, Jana/Krüger, Angelika/Schallenberg-Dieckmann, Regine/Urban, Mathias (2003): Qualität im Situationsansatz: Qualitätskriterien und Materialien für die Qualitätsentwicklung in Kindertageseinrichtungen. Berlin: Cornelsen Verlag Scriptor.

Strätz, Rainer/Hermens, Claudia/Fuchs, Ragnhild (2003): Qualität für Schulkinder in Tageseinrichtungen. Ein nationaler Kriterienkatalog. Weinheim, Basel: Beltz.

Strätz, Rainer, Demandewitz, Helga (2003): Beobachten. Anregungen für Erzieherinnen im Kindergarten. Weinheim, Basel: Beltz.

Textor, Martin (2002): Projektarbeit im Kindergarten. Freiburg: Verlag Herder.

Tietze, Wolfgang (Hrsg.)/Dittrich, Irene/Grenner, Katja/Groot-Wilken, Bernd/Sommerfeld, Verena/Viernickel, Susanne (2004): Pädagogische Qualität entwickeln. Weinheim, Basel: Beltz.

Tietze, Wolfgang/Viernickel, Susanne (Hrsg.)/Dittrich, Irene/Grenner, Katja/Groot-Wilken, Bernd/Hanisch, Andrea/Sommerfeld, Verena (2007): Pädagogische Qualität in Tageseinrichtungen für Kinder. Ein nationaler Kriterienkatalog. Berlin: Cornelsen Verlag Scriptor.

Viernickel, Susanne/Völkel, Petra (2009): Beobachten und Dokumentieren im pädagogischen Alltag. Freiburg: Herder.

Weber, Kurt/Herrmann, Mathias (2008): Kindergarten heute. basiswissen kita. Konzepte entwickeln – Bildung planen. Freiburg: Herder.

Literaturempfehlungen zu den Bildungs- und Themenbereichen

Tietze, Wolfgang/Viernickel, Susanne (Hrsg.)/Dittrich, Irene/Grenner, Katja/Groot-Wilken, Bernd/Hanisch, Andrea/Sommerfeld, Verena (2007): Pädagogische Qualität in Tageseinrichtungen für Kinder. Ein nationaler Kriterienkatalog. Berlin: Cornelsen Verlag Scriptor.

In diesem Band finden sich Anregungen zu allen sogenannten Qualitätsbereichen.

Eine Empfehlung für viele anregende Texte ist die Internet-Adresse:
www.kindergartenpaedagogik.de

Im Folgenden sind Literaturempfehlungen zu den klassischen Bildungsbereichen in der Kleinkindpädagogik aufgelistet.

Kognitive Entwicklung

Spitzer, Manfred (2006): Lernen: Gehirnforschung und die Schule des Lebens. Spektrum Akademischer Verlag.

http://www.kindergartenpaedagogik.de/1278.pdf

Sprache und Kommunikation

Tracy, R. (2003). Sprachliche Frühförderung – Konzeptuelle Grundlagen eines Programms zur Förderung von Deutsch als Zweitsprache im Vorschulalter. Mannheim: Universität Mannheim, Forschungs- und Kontaktstelle Mehrsprachigkeit.

Jampert, Karin/Leukefeld, Karin/Zehnbauer, Angela/Best, Petra (2007). Schlüsselkompetenz Sprache. Berlin: verlag das netz.

Groot-Wilken/Bernd/Kaseric/Tanja (2009): Sprechanlass Alltag. Berlin: Cornelsen Verlag Scriptor.

Sozial-emotionale Entwicklung

Kasten, Hartmut (2008): Soziale Kompetenzen: Entwicklungspsychologische Grundlagen und frühpädagogische Konsequenzen. Berlin: Cornelsen Verlag Scriptor.

http://www.kindergartenpaedagogik.de/215.html

http://www.kindergartenpaedagogik.de/1878.html

http://www.kindergartenpaedagogik.de/1944.html

Bewegung

Zimmer, Renate (2009): Kreative Bewegungsspiele. Psychomotorische Förderung im Kindergarten. Freiburg: Verlag Herder.

Zimmer, Renate (2009): Handbuch der Bewegungserziehung: Grundlagen für Ausbildung und pädagogische Praxis. Freiburg: Verlag Herder.

Bauen und Konstruieren

Featherstone, Sally/Williams, Liz (2007): Entwicklung unterstützen von 0 bis 3: Basteln, Bauen, Konstruieren Handbuch. Troisdorf: Bildungsverlag Eins.

Fantasie- und Rollenspiel

Schaller, Roger (2006): Das große Rollenspiel-Buch: Grundtechniken, Anwendungsformen, Praxisbeispiele. Weinheim, Basel: Beltz.

Natur-, Umgebungs- und Sachwissen

Fthenakis, Wassilios E. (2009): Frühe naturwissenschaftliche Bildung. Handbuch: Natur-Wissen schaffen: Natur-Wissen schaffen 3. Troisdorf: Bildungsverlag Eins.

http://www.kindergartenpaedagogik.de/1624.html

Bildende Kunst, Musik und Tanz

Kreusch-Jacob, Dorothee (2008): Klang-Werkstatt für Kinder: Miteinander Instrumente bauen und Musik machen. München: Don Bosco Verlag.

Becker-Textor, Ingeborg (1996): Kreativität im Kindergarten. Freiburg: Verlag Herder.

Braun, Daniela (2007): Handbuch Kreativitätsförderung. Freiburg: Verlag Herder.

Raum für Kinder

http://www.kindergartenpaedagogik.de/1739.html

Franz, Margit/Vollmert, Margit (2005): Raumgestaltung in der Kita: In diesen Räumen fühlen sich Kinder wohl. München: Don Bosco Verlag.

Von der Beek, Angelika (2006): Bildungsräume für Kinder von Null bis Drei. Berlin: verlag das netz.

Von der Beek, Angelika/Buck, Matthias/Rufenach, Annelie (2006): Kinderräume bilden: Ein Ideenbuch für Raumgestaltung in Kitas. Berlin: Cornelsen Verlag Scriptor.

Mahlzeiten und Ernährung

Rohlfing, Dagmar/Brandt, Susanne (2002): Kursbuch Ernährungserziehung: So ernähren sich Kinder rundum gut. Unsere gesunde Kita. München: Don Bosco Verlag.

Gesundheit und Körperpflege

Stark-Schwehn, Karin (2003): Kinderseelen wollen wachsen: Gesundheit im Kindergarten fördern. Stuttgart: Klett-Cotta.

http://www.kindergartenpaedagogik.de/945.html

Eingewöhnung

Laewen, Hans-Joachim/Hédervári, Éva/Andres, Beate (2006): Die ersten Tage: Ein Modell zur Eingewöhnung in Krippe und Tagespflege. Berlin: Cornelsen Verlag Scriptor.

Übergang in die Grundschule

Griebel, Wilfried/Niesel, Renate (2004): Transitionen. Fähigkeit von Kindern in Tageseinrichtungen fördern, Veränderungen erfolgreich zu bewältigen. Berlin: Cornelsen Verlag Scriptor.

http://www.kindergartenpaedagogik.de/1982.html

Groot-Wilken, Bernd (2006): Frühe Kindheit und Transitionsprozesse. Von der Tageseinrichtung in die Grundschule. Klein & Groß, Heft 4.

Kulturelle Vielfalt

Ulich, Michaela/Oberhuemer, Pamela/Reidelhuber, Almut (Hrsg.) (2005): Der Fuchs geht um … auch anderswo. Ein multikulturelles Spiel- und Arbeitsbuch. Berlin: Cornelsen Verlag Scriptor.

Integration von Kindern mit Behinderungen

Schöler, Jutta/Fritzsche, Rita/Schastok, Alrun (Hrsg.) (2005): Ein Kindergarten für alle – Kinder mit und ohne Behinderung spielen und lernen gemeinsam. Berlin: Cornelsen Verlag Scriptor.

Jungmann, Tanja/Albers, Tim (2008): Integrative Erziehung in Kindertageseinrichtungen. (http://www.kindergartenpaedagogik.de/1531.pdf)

Zusammenarbeit mit Familien

Textor, Martin (2006): Erziehungs- und Bildungspartnerschaft mit Eltern: Gemeinsam Verantwortung übernehmen. Freiburg: Verlag Herder.

Korte, Jochen (2008): Erziehungspartnerschaft Eltern – Schule: Von der Elternarbeit zur Elternpädagogik. Weinheim, Basel: Beltz

Leitung

Schlenther-Möller, Esta/Möller, Jens-Christian (2007): Kita – Leitung. Leitfaden für Qualifizierung und Praxis. Berlin: Cornelsen Verlag Scriptor.

http://www.kindergartenpaedagogik.de/1549.html;

http://www.kindergartenpaedagogik.de/1232.html)